UM AMOR FELIZ

WISŁAWA SZYMBORSKA

Um amor feliz

Seleção, tradução e prefácio
Regina Przybycien

7ª reimpressão

Copyright de todos os poemas de Wisława Szymborska
© by The Wisława Szymborska Foundation, www.szymborska.org.pl
Copyright da seleção e do prefácio © 2011 by Regina Przybycien
Copyright de "O poeta e o mundo" © 1996 by The Nobel Foundation

THE WISŁAWA SZYMBORSKA FOUNDATION

Grafia atualizada segundo o Acordo Ortográfico da Língua Portuguesa de 1990, que entrou em vigor no Brasil em 2009.

Capa
Victor Burton

Foto de capa
Sipa/ Newscom/ Fotoarena

Preparação
Silvia Massimini Felix

Revisão
Marina Nogueira
Isabel Jorge Cury

Dados Internacionais de Catalogação na Publicação (CIP)
(Câmara Brasileira do Livro, SP, Brasil)

Szymborska, Wisława, 1923-2012.
 Um amor feliz / Wisława Szymborska ; seleção, tradução e prefácio de Regina Przybycien — 1ª ed. — São Paulo : Companhia das Letras, 2016.

ISBN 978-85-359-2788-7

1. Poesia polonesa I. Título.

16-05651   CDD-891.851

Índice para catálogo sistemático:
1. Poesia : Literatura polonesa 891.851

Todos os direitos desta edição reservados à
EDITORA SCHWARCZ S.A.
Rua Bandeira Paulista, 702, cj. 32
04532-002 — São Paulo — SP
Telefone: (11) 3707-3500
www.companhiadasletras.com.br
www.blogdacompanhia.com.br
facebook.com/companhiadasletras
instagram.com/companhiadasletras
twitter.com/cialetras

Sumário

Prefácio — *O número Pi e a poesia*,
Regina Przybycien 13

DE *CHAMANDO POR YETI*
WOŁANIE DO YETI, 1957

Noite
   Noc 24
Nada duas vezes
   Nic dwa razy 30
Ópera bufa
   Buffo 34
Rememoração
   Upamiętnienie 38
Funeral
   Pogrzeb 42
Ainda
   Jeszcze 46
Natureza-morta com um balãozinho
   Martwa natura z balonikiem 50
De uma expedição não realizada ao Himalaia
   Z nieodbytej wyprawy w Himalaje 54
Sonho de uma noite de verão
   Sen nocy letniej 58
Atlântida
   Atlantyda 60

DE *SAL*
SÓL, 1962

Um instante em Troia
Chwila w Troi 66
O resto
Reszta 70
Umas palavrinhas
Słówka 72
Elegia de viagem
Elegia podróżna 74
Um encontro inesperado
Niespodziane spotkanie 78
Bodas de ouro
Złote gody 80
Campo da fome em Jasło
Obóz głodowy pod Jasłem 84
Parábola
Przypowieść 88
As mulheres de Rubens
Kobiety Rubensa 90
Concurso de beleza masculina
Konkurs piękności męskiej 94
Prólogo a uma comédia
Prolog komedii 96
*** (Estou perto demais)
*** *(Jestem za blisko)* 98
Na torre de Babel
Na wieży Babel 102
Água
Woda 104
No rio de Heráclito
W rzece Heraklita 108

DE *MUITO DIVERTIDO*
STO POCIECH, 1967

Riso
    Śmiech 112
Censo
    Spis ludności 116
Monólogo para Cassandra
    Monolog dla Kasandry 120
Decapitação
    Ścięcie 124
Pietà
    Pietà 126
Inocência
    Niewinność 128
Filme — anos sessenta
    Film — lata sześćdziesiąte 130
Thomas Mann
    Tomasz Mann 132

DE *TODO O CASO*
WSZELKI WYPADEK, 1972

Engano
    Pomyłka 138
As cartas dos mortos
    Listy umarłych 140
Autotomia
    Autotomia 142
Um amor feliz
    Miłość szczęśliwa 146

DE *UM GRANDE NÚMERO*
WIELKA LICZBA, 1976

Salmo
Psalm 152
Visto do alto
Widziane z góry 156
Sorrisos
Uśmiechy 158
Elogio à irmã
Pochwała siostry 162
Número Pi
Liczba Pi 164

DE *GENTE NA PONTE*
LUDZIE NA MOŚCIE, 1986

Medo do palco
Trema 170
Sobre a morte sem exagero
O śmierci bez przesady 174
A casa de um grande homem
Dom wielkiego człowieka 178
Feira dos milagres
Jarmark cudów 182

DE *FIM E COMEÇO*
KONIEC I POCZĄTEK, 1993

Céu
Niebo 188
Pode ser sem título
Może być bez tytułu 192
O ódio
Nienawiść 196

Cálculo elegíaco
 Rachunek elegijny 200
Grande sorte
 Wielkie to szczęście 204

DE *INSTANTE*
CHWILA, 2002

Instante
 Chwila 210
O silêncio das plantas
 Milczenie roślin 214
Poça d'água
 Kałuża 218
O primeiro amor
 Pierwsza miłość 220
Fotografia de 11 de setembro
 Fotografia z 11 września 222
Bagagem de volta
 Bagaż powrotny 224
Anotação
 Notatka 228

DE *DOIS PONTOS*
DWUKROPEK, 2006

Ausência
 Nieobecność 232
ABC
 ABC 236
Acontecimento
 Zdarzenie 238
Consolação
 Pociecha 242

O velho professor
Stary profesor 246
A cortesia dos cegos
Uprzejmość niewidomych 250
Desatenção
Nieuwaga 254

DE *AQUI*
TUTAJ, 2009

Aqui
Tutaj 260
Pensamentos que me visitam nas ruas movimentadas
Myśli nawiedzające mnie na ruchliwych ulicach 266
Uma ideia
Pomysł 270
Adolescente
Kilkunastoletnia 274
Vida difícil com a memória
Trudne życie z pamięcią 278
Microcosmo
Mikrokosmos 282
Divórcio
Rozwód 286
Terroristas
Zamachowcy 288
Exemplo
Przykład 290
Identificação
Identyfikacja 292
Não leitura
Nieczytanie 294

Ella no céu
Ella w niebie 296
Vermeer
Vermeer 298
Metafísica
Metafizyka 300

DE *CHEGA*
WYSTARCZY, 2012

Tem aqueles que
Są tacy, którzy 304
Correntes
Łańcuchy 306
Coação
Przymus 308
O espelho
Lustro 312
Para o meu próprio poema
Do własnego wiersza 314
Mapa
Mapa 316

O poeta e o mundo — discurso do Nobel 1996 321

Prefácio
O número Pi e a poesia

Regina Przybycien

Wisława Szymborska não é mais uma desconhecida dos apreciadores de poesia no Brasil. Longe disso. A ótima recepção do livro *Poemas* (Companhia das Letras, 2011), com sua grande repercussão na imprensa e entre leitores e poetas, me incentivou a traduzir um pouco mais da obra dessa fantástica poeta polonesa, ganhadora do prêmio Nobel de literatura de 1996. O resultado são 85 poemas aqui reunidos, selecionados de seus livros publicados a partir de 1957 até o ano de sua morte, em 2012.

A escolha foi feita a partir de toda a obra, mas predominam os poemas da fase inicial (dos livros de 1957, 1962 e 1967) e da final (publicados já no século xxi), incluindo o póstumo *Wystarczy* [Chega], lançado em 2012. Adicionei ainda o discurso proferido por Szymborska por ocasião do recebimento do prêmio Nobel por se tratar de um texto que lança luz sobre sua poética.

A distribuição dos poemas é cronológica para dar uma ideia dos temas que Szymborska abordou ao longo de meio século de atividade literária. Estes evidenciam o vasto leque de seus interesses, que abrange as ciências e a filosofia, o micro e o macrocosmo, a história antiga e contemporânea, assim como a vida cotidiana, na qual sempre consegue ver algo inusitado e assombroso. Temas sombrios em sua maioria, mitigados pelo humor e pela leveza da linguagem. Um olhar muitas vezes irônico para as tragédias do século, a fragilidade da vida, a indiferença do universo, a incomunicabilidade entre os homens e entre os humanos e as outras formas de vida. Formulação de perguntas que desestabilizam maneiras de ver o mundo, convicções arraigadas, certezas.

Em seu discurso do Nobel, a poeta afirma que valoriza sobretudo as palavras "não sei", pois são elas que possibilitam a abertura para outros modos de ver e ser. O frescor desse modo de ver e a extraordinária capacidade de questionar coisas aparentemente óbvias atraem as pessoas para sua poesia que, sem deixar de ser acessível, mergulha em profundidades insuspeitadas. O poeta Stanisław Barańczak, seu tradutor para o inglês, observa que muitos dos poemas de Szymborska "começam de modo provocativo, com uma pergunta, observação ou afirmação que parece absolutamente banal para, em seguida, surpreender-nos com uma continuação inesperada, mas lógica".[1]

Pode-se dizer que a poesia de Szymborska é prosaica pelo tom próximo da fala que caracteriza muitos poemas (mas não todos) e pela quase ausência de um lirismo elevado. Suas biógrafas citam um trecho de uma entrevista que ela concedeu em 1975 na qual admite que se sente um pouco como uma escritora de prosa: "Parece-me que esses críticos que acham que eu às vezes escrevo como que novelinhas em miniatura, que são na verdade pequeninas histórias com

---

1 Stanisław Barańczak, "Afterword". In: _____. *Wisława Szymborska: Nothing Twice — Selected poems*. Cracóvia: Literackie, 1997, p. 391.

alguma ação — talvez tenham razão".² De fato, em certos poemas os primeiros versos apresentam um cenário e personagens em torno dos quais nos versos seguintes se desenvolve uma ação. O fecho quase sempre é uma reflexão filosófica sobre a historinha apresentada. Observe-se, a título de exemplo, o início do poema "Acontecimento": "Céu, terra, manhã,/ a hora: oito e quinze./ Sossego e silêncio/ na grama amarelada da savana". A ação dramática que se desenrola a seguir é a perseguição mortal de um antílope por uma leoa faminta: "Súbito uma perturbação na doce imobilidade./ Dois seres que querem viver se lançam numa corrida./ Um antílope em fuga impetuosa/ e atrás dele uma leoa ofegante e faminta". O tropeço do antílope numa raiz que reponta da terra determina o desfecho do drama: a vitória da leoa. O que fez com que houvesse uma raiz no caminho do antílope? Acaso? Destino? São indagações a respeito da natureza dos acontecimentos sobre os quais não se tem nenhum controle e que determinam a vida ou a morte.

No poema "Medo do palco", Szymborska ironiza a necessidade de diferenciar o poeta do prosador: "Poetas e escritores./ É assim que se diz./ Logo, poetas não são escritores, então o quê". O desejo das pessoas de estabelecer fronteiras advém de uma concepção da poesia como algo elevado, pertencente à esfera do sublime, enquanto a prosa é considerada mais mundana. Na prática, os limites são tênues, como sugere a pergunta que encerra o poema:

---

2 Anna Bikont; Joanna Szczęsna. *Pamiątkowe rupiecie: Biografia Wisławy Szymborskiej*. Cracóvia: Znak, 2012, p. 184. [Tradução minha.]

E que diferença é essa,
perceptível apenas na penumbra,
sobre o fundo de uma cortina bordô
com franjas violeta?

O interesse da poeta pelas ciências é evidente. A astronomia, a matemática (veja-se o divertido "Número Pi") e sobretudo a biologia fornecem inspiração para suas criações. A questão da evolução das espécies está presente em vários poemas, dentre os quais o mais criativo, a meu ver, é "Thomas Mann". O nome do escritor aparece somente no título, pois o poema é na verdade uma reflexão sobre a fantasia e os fatos da natureza (nesse caso, a evolução). O que escapa às leis naturais, alçada à esfera do prodigioso, é a mão que escreve, isto é, a literatura de Thomas Mann.

A curiosidade de Szymborska sobre o mundo não é antropocêntrica. Poemas que indagam sobre uma pedra, um grão de areia, um micróbio ou uma planta revelam uma percepção de que o mundo em que vivemos é muito mais complexo do que consegue vislumbrar a limitada consciência humana. A esse propósito, ela declarou: "Dou voltas incessantemente ao redor deste mundo que não é apenas nosso, mas também de muitas outras formas de vida, e procuro entender como elas nos recebem".[3] No poema "O silêncio das plantas", o eu lírico fala de um diálogo impossível entre o humano e o vegetal. Em "Visto do alto", um besouro morto num caminho campestre enseja uma comparação entre o significado da morte desse ser e a morte dos homens. Em "Microcosmo", a atenção

---

3. Anna Bikont; Joanna Szczęsna, op. cit. p. 211. [Tradução minha.]

é voltada para a natureza dos seres microscópicos, tão pequeninos que "Talvez nem saibam se são — ou se não são./ No entanto decidem sobre nossa vida e morte".

Personagens da Bíblia, da mitologia greco-romana, da história e da literatura são revisitados pela poeta numa leitura questionadora dos papéis que lhes foram atribuídos pela tradição, esvaziando-os de significados consagrados e trazendo-os para uma dimensão humana. Assim, em "Noite", a voz lírica se rebela contra o sacrifício injusto de Isaac ordenado por Deus a Abraão; em "Monólogo de Cassandra", a profetisa lamenta seu distanciamento da vida, das pessoas; em "O resto", Ofélia, personagem de Shakespeare, não é uma mulher mergulhada na loucura por causa da rejeição do amado, mas uma atriz que deixa o palco preocupada com coisas práticas, como a composição da roupa e do cabelo.

Michał Rusinek, que foi secretário de Szymborska de 1996 até sua morte, em 2012, publicou recentemente um livro de memórias.[4] Nele encontramos detalhes sobre a vida, o pensamento, as idiossincrasias e o processo de criação dessa poeta extraordinária. Rusinek conta que Szymborska não gostava de recitais, feiras de livros, festivais e não limitava seu círculo de amizades aos poetas e escritores. Achava que a poesia não nasce de conversas com poetas ou sobre poesia, daí sua amizade com matemáticos, físicos, geólogos, os quais podiam lhe revelar algo interessante e indicar leituras.[5]

Ao longo dos anos, Szymborska publicou uma série de pequenas crônicas sob a rubrica *Lektury nadobowiązkowe* [Lei-

---

4 Michał Rusinek, *Nic zwyczajnego: O Wisławie Szymborskiej*. Cracóvia: Znak, 2016.
5 Ibid., p. 243.

turas não obrigatórias] principalmente no semanário *Życie Literackie* (de 1967 a 1981) e no jornal *Gazeta Wyborcza* (de 1993 a 2002). Essas crônicas foram reunidas e publicadas em 2015.[6] Inicialmente concebidas como resenhas de livros, elas logo se tornaram comentários que tinham como ponto de partida determinada obra, mas que enveredavam por caminhos inesperados e divertidos. O costume na redação, informa Szymborska, era resenhar obras de beletrística ignorando releituras de clássicos, dicionários, enciclopédias, manuais do tipo "como fazer" e obras de popularização das ciências. A poeta decidiu então dedicar sua atenção a esses livros negligenciados pela crítica. No início tentou fazer resenhas verdadeiras, mas logo chegou à conclusão de que não conseguiria nem tinha vontade de fazê-lo. Preferia permanecer uma leitora amadora e ter a liberdade de dar asas à imaginação.[7] A imensa variedade de assuntos dessas leituras certamente ajudou-a a encontrar inspiração para seus poemas.

Mas o que a poeta valorizava sobremaneira era a vida comum, na qual sempre encontrava motivo para assombro. Um de seus pintores favoritos era Vermeer, justamente porque ele imortalizou em suas telas personagens comuns em atividades cotidianas. O poema "Vermeer" celebra o extraordinário presente nas ações ordinárias:

> *Enquanto aquela mulher do Rijksmuseum*
> *atenta no silêncio pintado*
> *dia após dia derrama*

---

6 Wisława Szymborska, *Wszystkie lektury nadobowiązkowe*. Cracóvia: Znak, 2015.
7 Ibid., p. 5. Prefácio da autora.

o leite da jarra na tigela,
o Mundo não merece
o fim do mundo.

Poucos são os poemas de Szymborska que têm um viés subjetivo. Eles aparecem com mais frequência nos últimos livros, embora temas como a passagem do tempo e as inevitáveis mudanças no indivíduo tenham sido abordados bem antes, por exemplo, no poema "Riso", de 1967:

A menina que fui —
conheço-a, é claro.
Tenho umas fotos
de sua vida breve.
Sinto certa pena
de alguns versinhos.
Lembro-me de alguns eventos.

O tema reaparece, muito mais elaborado, no poema "Adolescente", do livro *Tutaj* [Aqui], de 2009. Nele, o "encontro" da poeta com a adolescente que havia sido lhe permite observar as diferenças entre ambas — diferenças físicas, mas não só. Também a atitude em relação à vida, ao tempo, à escrita de versos. O que as duas têm em comum? Apenas um cachecol tricotado pela mãe, signo de um elo profundo entre mãe e filha que a passagem do tempo não destrói.

Szymborska gostava de Ella Fitzgerald e durante muito tempo pensou em escrever um poema em homenagem à cantora, o que aconteceu em 2009 com a publicação de "Ella no céu" (que curiosamente, e não só por causa do título, lembra o poema "Irene no céu", de Manuel Bandeira). Seus comentários sobre a intérprete revelam muito sobre ela mesma e sua atitude perante a criação. Numa conversa com suas biógrafas, Szymborska comenta: "Ela cantava como se apenas respirasse. Diante de cada texto, fosse ele triste, alegre ou muito dramático, punha-se à parte, não entregava a alma por inteiro".[8] Podemos inferir dessas observações a valorização de uma poética de contenção e distanciamento. Szymborska fala mais do mundo e menos de si.

Nesse aspecto (embora provenham de culturas e tradições distintas), ela se aproxima de Elizabeth Bishop, poeta norte-americana famosa pela contenção e acuidade do olhar. Como Bishop, que escreveu relativamente pouco e levava anos compondo um poema, deixando espaços em branco nos versos até encontrar palavras que a satisfizessem, Szymborska também era muito rigorosa com sua produção: "Guardo o poema por muito tempo para examiná-lo com atenção. Na verdade, escrevo muito mais do que parece. Mas para isso existe o cesto de lixo".[9]

Traduzir Szymborska é uma atividade lúdica, mas às vezes também um pouco sofrida. Sua linguagem clara e aparentemente acessível pode ser enganosa. Uma dificuldade característica é a tradução de jogos de palavras tirados de expressões correntes da língua polonesa (e portanto reconhecíveis para um leitor polonês), que ela reinventa no contexto do poema pela mistura de dois campos semânticos. Eis um exemplo: no poema "Thomas Mann", ela apropria a

---

8 Anna Bikont; Joanna Szczęsna, op. cit., pp. 366-7.
9 Ibid., p. 191. [Tradução minha.]

expressão popular *"obiecanki-cacanki"*, utilizada ironicamente para se referir a promessas vazias (como a dos políticos em época de campanha eleitoral), e a transforma no neologismo *"składanki-cacanki"*, em que a primeira palavra significa miscelâneas, misturas e, no campo musical, pot-pourri. No poema, o termo se refere às misturas de elementos díspares que compõem os corpos de seres como anjos, sereias e faunos, seres que antes do advento da ciência moderna eram vistos como parte do mundo e que a modernidade relegou definitivamente à esfera do imaginário. O significado da expressão no poema seria algo como "misturas falsas". Há ainda outro elemento complicador para a tradução: as duas palavras rimam entre si. Ignorar a rima tiraria muito da graça do poema. Essa expressão me perseguiu durante muito tempo, e todas as soluções que me ocorriam não me deixavam satisfeita. Finalmente traduzi a expressão como "mistifórios finórios". A primeira palavra carrega a ideia de mixórdia, confusão, portanto corresponde até certo ponto à ideia expressa no original. A segunda é, nesse contexto, um desvio semântico que visa privilegiar o jogo sonoro. O problema é que essas palavras não são de uso corrente como é a expressão original em polonês. Deixo para o leitor inventivo a possibilidade de encontrar outras soluções mais interessantes.

Nos primeiros livros de Szymborska há alguns poemas com métrica e rima regulares, forma que ela depois abandona, adotando o verso livre. O metro típico da língua polonesa tem oito, onze ou treze sílabas. Os poemas "Nada duas vezes" e "Engano", por exemplo, são constituídos de versos de oito e treze sílabas, respectivamente. Ignorei a métrica porque ela é exceção e não regra na poesia de Szymborska. Privilegiar a forma adotando uma métrica regular da língua portuguesa na tradução exigiria uma recriação que não me propus tentar, mas procurei, sempre que possível, recriar em português o esquema de rimas do original.

Não acredito no recurso de notas explicativas na tradução de poesia. O poema funciona ou não funciona. O leitor julgará.

Os poemas aqui reunidos foram tirados dos seguintes livros de Wisława Szymborska: *Wiersze Wybrane* (a5, 2010); *Tutaj* (Znak, 2009) e *Wystarczy* (a5, 2011).

Devo agradecimentos a várias pessoas pela ajuda na elaboração deste livro. Marcelo Paiva de Souza revisou as traduções e me deu sugestões valiosas, Gabriel Borowski e Marcin Raiman fizeram leituras críticas e esclareceram dúvidas do polonês, e Eduardo Nadalin fez a revisão textual. As eventuais falhas naturalmente são minhas.

CHAMANDO POR YETI

Noc

    I rzekł Bóg: Weźmij syna twego jednorodzonego,
    którego miłujesz, Izaaka, a idź z nim do ziemi Moria
    i tam go ofiarujesz na całopalenie na jednej z gór,
    którą tobie wskażę.

Co takiego zrobił Izaak,
proszę księdza katechety?
Może piłką wybił szybę u sąsiada?
Może rozdarł nowe spodnie,
gdy przechodził przez sztachety?
Kradł ołówki?
Płoszył kury?
Podpowiadał?

Niech dorośli
leżą sobie w głupim śnie,
ja tej nocy
muszę czuwać aż do rana.
Ta noc milczy,
ale milczy przeciw mnie
i jest czarna
jak gorliwość Abrahama.

Gdzie się skryję,
gdy biblijne oko boże
spocznie na mnie
jak spoczęło na Izaaku?

Noite

Deus disse: toma teu filho, teu único filho,
a quem tanto amas, Isaac, e vai à terra de Moriá,
onde tu o oferecerás em holocausto sobre um dos montes
que eu te indicar.

Mas o que foi que o Isaac fez?
seu padre me diga.
Quebrou a vidraça do vizinho?
Rasgou a calça nova que usava
quando pulou a cerca de ripa?
Roubou um lápis?
Enxotou as galinhas?
Colou na prova?

Os adultos que durmam
um sono tolo assim,
esta noite
eu preciso vigiar até a aurora.
A noite se cala,
mas se cala contra mim,
escura
como o fervor de Abraão.

Onde vou me esconder,
quando em mim pousar
o olhar bíblico de Deus
como pousou em Isaac?

Stare dzieje
Bóg, gdy zechce, wskrzesić może.
Więc naciągam koc na głowę
w mrozie strachu.

Coś niebawem
zabieleje przed oknami,
ptakiem, wiatrem
po pokoju zaszumi.
Ale przecież nie ma ptaków
z tak wielkimi skrzydłami,
ani wiatru
w tak długiej koszuli.

Pan Bóg uda,
że wefrunął przypadkiem,
że to wcale a wcale nie tutaj,
a potem weźmie ojca
do kuchni na konszachty,
z dużej trąby mu w uszy zadmucha.

A gdy jutro skoro świt
ojciec w drogę mnie zabierze,
pójdę, pójdę
pociemniała z nienawiści.
W żadną dobroć, w żadną miłość
nie uwierzę,
bezbronniejsza
od listopadowych liści.
Ani ufać,
nic nie warte jest ufanie.

Antigos feitos se quiser
Deus pode ressuscitar.
Por isso gelada de medo
cubro a cabeça com o cobertor.

Algo logo vai
embranquecer diante da janela,
encher o quarto com o zumbido
de um pássaro ou do vento.
Mas não há nenhum pássaro
de asas grandes como aquelas,
e nem vento
de camisa assim tão longa.

Deus vai fingir
que voou para dentro por acaso,
que não era para estar realmente ali,
e depois vai levar meu pai
para a cozinha confabular sobre o caso
e com uma grande trombeta lhe soprar ao ouvido.

E quando amanhã bem cedo
meu pai pela estrada me levar,
vou, vou,
enegrecida de ódio.
Em nenhum amor, nenhuma bondade,
vou acreditar,
mais indefesa
do que as folhas de novembro.
Nem confiar,
de nada vale a confiança.

*Ani kochać,
żywe serce nosić w piersiach.
Gdy się stanie, co się stać ma,
gdy się stanie,
bić mi będzie grzyb suszony
zamiast serca.

Czeka Pan Bóg
i z balkonu chmur spoziera,
czy się ładnie, czy się równo
stos zapali
i zobaczy,
jak na przekór się umiera,
bo ja umrę,
nie pozwolę się ocalić!

Od tej nocy
ponad miarę złego snu,
od tej nocy
ponad miarę samotności,
zaczął Pan Bóg
pomalutku
dzień po dniu
przeprowadzkę
z dosłowności
do przenośni.*

Nem amar,
carregar um coração vivo no peito.
Quando acontecer o que tem que acontecer,
quando acontecer,
vai me bater um fungo seco
em vez do coração.

Deus espera
e da sacada das nuvens espia
para ver se alta e bela
queima a fogueira
e verá como
se morre de teimosia,
porque vou morrer,
não vou deixar que me salve!

Desde aquela noite
além dos limites de um sono malsão,
desde aquela noite
além dos limites da solidão,
Deus começou
pouco a pouco
devagarinho
a mudança
do literal
para o metafórico.

Nic dwa razy

*Nic dwa razy się nie zdarza
i nie zdarzy. Z tej przyczyny
zrodziliśmy się bez wprawy
i pomrzemy bez rutyny.*

*Choćbyśmy uczniami byli
najtępszymi w szkole świata,
nie będziemy repetować
żadnej zimy ani lata.*

*Żaden dzień się nie powtórzy,
nie ma dwóch podobnych nocy,
dwóch tych samych pocałunków,
dwóch jednakich spojrzeń w oczy.*

*Wczoraj, kiedy twoje imię
ktoś wymówił przy mnie głośno,
tak mi było jakby róża
przez otwarte wpadła okno.*

*Dziś, kiedy jesteśmy razem,
odwróciłam twarz ku ścianie.
Róża? Jak wygląda róża?
Czy to kwiat? A może kamień?*

*Czemu ty się, zła godzino,
z niepotrzebnym mieszasz lękiem?*

Nada duas vezes

Nada acontece duas vezes
nem acontecerá. Eis nossa sina.
Nascemos sem prática
e morreremos sem rotina.

Mesmo sendo os piores alunos
na escola deste mundão,
nunca vamos repetir
nenhum inverno nem verão.

Nem um dia se repete,
não há duas noites iguais,
dois beijos não são idênticos,
nem dois olhares tais quais.

Ontem quando alguém falou
o teu nome junto a mim
foi como se pela janela aberta
caísse uma rosa do jardim.

Hoje que estamos juntos,
o nosso caso não medra.
Rosa? Como é uma rosa?
É uma flor ou é uma pedra?

Por que você tem, má hora,
que trazer consigo a incerteza?

Jesteś — a więc musisz minąć.
Miniesz — a więc to jest piękne.

Uśmiechnięci, wpółobjęci
spróbujemy szukać zgody,
choć różnimy się od siebie
jak dwie krople czystej wody.

Você vem — mas vai passar.
Você passa — eis a beleza.

Sorridentes, abraçados
tentaremos viver sem mágoa,
mesmo sendo diferentes
como duas gotas d'água.

Buffo

Najpierw minie nasza miłość,
potem sto i dwieście lat,
potem znów będziemy razem:

komediantka i komediant,
ulubieńcy publiczności,
odegrają nas w teatrze.

Mała farsa z kupletami,
trochę tańca, dużo śmiechu,
trafny rys obyczajowy
i oklaski.

Będziesz śmieszny nieodparcie
na tej scenie, z tą zazdrością,
w tym krawacie.

Moja głowa zawrócona,
moje serce i korona,
głupie serce pękające
i korona spadająca.

Będziemy się spotykali,
rozstawali, śmiech na sali,
siedem rzek, siedem gór
między sobą obmyślali.

Ópera bufa

Primeiro passará o nosso amor,
depois cem, duzentos anos,
depois nos encontraremos de novo:

um casal de comediantes,
os favoritos do público,
vai nos representar no teatro.

Uma pequena farsa com canções,
um pouco de dança, muito riso,
uma boa comédia de costumes
e aplausos.

Você irresistivelmente cômico
nesse palco, com esse ciúme
e essa gravata.

Minha cabeça virada,
meu coração e coroa,
o coração tolo rebentando
e a coroa despencando.

Vamos nos encontrar,
afastar, a sala rindo sem parar,
e sete rios, sete montes
entre nós imaginar.

*I jakby nam było mało
rzeczywistych klęsk i cierpień
— dobijemy się słowami.*

*A potem się pokłonimy
i to będzie farsy kres.
Spektatorzy pójdą spać
ubawiwszy się do łez.*

*Oni będą ślicznie żyli,
oni miłość obłaskawią,
tygrys będzie jadł z ich ręki.*

*A my wiecznie jacyś tacy,
a my w czapkach z dzwoneczkami,
w ich dzwonienie barbarzyńsko
zasłuchani.*

E como se não bastassem
os fracassos e as dores da vida
— nos feriremos com palavras.

Depois faremos mesuras
e com a farsa terminada,
o público irá dormir
depois de muita risada.

Eles vão viver contentes,
o amor vão amansar,
o tigre vai comer nas suas mãos.

E nós sempre assim desse jeito,
nós de barretes com guizos,
com seu tinido bárbaro
nos nossos ouvidos.

Upamiętnienie

*Kochali się w leszczynie
pod słońcami rosy,
suchych liści i ziemi
nabrali we włosy.*

*Serce jaskółki
zmiłuj się nad nimi.*

*Uklękli nad jeziorem,
wyczesali liście
a ryby podpływały
do brzegu gwiaździście.*

*Serce jaskółki
zmiłuj się nad nimi.*

*Odbicia drzew dymiły
na zdrobniałej fali.
Jaskółko, spraw, by nigdy
nie zapominali.*

*Jaskółko, cierniu chmury,
kotwico powietrza,
ulepszony Ikarze,
wniebowzięty fraku,*

Rememoração

Amaram-se debaixo da aveleira
sob sóis de orvalho
com folhas secas e terra
grudadas no cabelo.

Coração de andorinha
tem piedade deles.

Ajoelhados à beira do lago,
as folhas retiraram,
e reluzentes, como estrelas,
os peixes se aproximaram.

Coração de andorinha
tem piedade deles.

O reflexo das árvores
nas marolas esfumaçado,
andorinha, faz com que nunca
seja por eles olvidado.

Andorinha, espinho de nuvem,
âncora do ar,
Ícaro melhorado,
fraque ascendido ao céu,

jaskółko kaligrafio,
wskazówko bez minut,
wczesnoptasi gotyku,
zezie na niebiosach,

jaskółko ciszo ostra,
żałobo wesoła,
aureolo kochanków,
zmiłuj się nad nimi.

andorinha caligrafia,
ponteiro sem os minutos,
protopássaro gótico,
estrabismo nos céus,

andorinha silêncio agudo,
luto alegre,
auréola dos amantes,
tem piedade deles.

Pogrzeb

Czaszkę z gliny wyjęli,
położyli w marmury,
luli luli ordery
na poduszkach z purpury.
Czaszkę z gliny wyjęli.

Odczytali z karteczki
a) był to chłop serdeczny,
b) zagrajcie orkiestry,
c) szkoda że nie wieczny.
Odczytali z karteczki.

A ty oceń, narodzie,
a ty szanuj tę zdobycz,
że kto raz się urodzi,
może zyskać dwa groby.
A ty oceń, narodzie.

Nie zabrakło parady
dla tysiąca puzonów
i policji dla tłumów
i huśtania dla dzwonów.
Nie zabrakło parady.

Mieli oczy umkliwe
od ziemi ku niebiosom,
czy już lecą gołębie

Funeral

Retirada do barro a caveira
e no mármore colocada,
nana neném medalhas
em purpúreas almofadas.
Retirada do barro a caveira.

Leram nas fichas:
a) era um sujeito terno,
b) bandas, comecem a tocar,
c) pena que não fosse eterno.
Leram nas fichas.

E você, nação, avalie
e respeite este feito,
que quem nasce uma vez,
pode ter duas tumbas por leito.
E você, nação, avalie.

Não faltaram desfiles
para trombones e hinos
e polícia para a turba
e badalar para os sinos.
Não faltaram desfiles.

Os seus olhos se erguiam
para ver se as pombas
já voavam carregando

i bomby w dziobkach niosą.
Mieli oczy umkliwe.

Między nimi i ludem
miały być tylko drzewa,
to tylko co się w liściach
przemilczy i prześpiewa.
Między nimi i ludem.

A tu mosty zwodzone,
a tu wąwóz z kamienia,
z dnem gładzonym pod czołgi,
z echem do zaludnienia.
A tu mosty zwodzone.

Jeszcze pełen krwi swojej
lud odchodzi z nadzieją,
jeszcze nie wie, że z grozy
sznury dzwonów siwieją.

Jeszcze pełen krwi swojej.

nos bicos as bombas.
Os seus olhos se erguiam.

Entre eles e o povo
só as árvores deviam estar,
somente o que nas folhas
se cala ou se põe a cantar.
Entre eles e o povo.

De repente pontes levadiças,
de repente um cânion empedrado,
com o fundo calçado para tanques,
com eco para ser povoado.
De repente pontes levadiças.

Ainda de seu sangue repletas
com esperança as pessoas descem.
Ainda não sabem que de terror
as cordas dos sinos empalidecem.

Ainda de seu sangue repletas.

Jeszcze

W zaplombowanych wagonach
jadą krajem imiona,
a dokąd tak jechać będą,
a czy kiedy wysiędą,
nie pytajcie, nie powiem, nie wiem.

Imię Natan bije pięścią w ścianę,
imię Izaak śpiewa obłąkane,
imię Sara wody woła dla imienia
Aaron, które umiera z pragnienia.

Nie skacz w biegu, imię Dawida.
Tyś jest imię skazujące na klęskę,
nie dawane nikomu, bez domu,
do noszenia w tym kraju zbyt ciężkie.

Syn niech imię słowiańskie ma,
bo tu liczą włosy na głowie,
bo tu dzielą dobro od zła
wedle imion i kroju powiek.

Nie skacz w biegu. Syn będzie Lech.
Nie skacz w biegu. Jeszcze nie pora.
Nie skacz. Noc się rozlega jak śmiech
i przedrzeźnia kół stukanie na torach.

Ainda

Vão pelo país em vagões selados
os nomes transportados,
mas para onde vão assim,
será que a viagem terá fim,
não sei, não direi, não perguntem.

O nome Natan esmurra a parede,
o nome Isaac canta louco de fome,
o nome Sara pede água para o nome
Aarão, que morre de sede.

Não pule do trem, nome Davi.
Você é um nome que ao fracasso condena,
não dado a ninguém, sem lar,
carregá-lo neste país é uma dura pena.

Que teu filho tenha um nome eslavo,
porque aqui cada fio de cabelo é contado,
porque aqui o bom do mau
pelo nome e feição é separado.

Não pule do trem. Ainda não é hora.
Não pule do trem. Será Lech o teu filho.
Não pule. A noite como uma risada sonora
arremeda o rolar das rodas no trilho.

Chmura z ludźmi nad krajem szła,
z dużej chmury mały deszcz, jedna łza,
mały deszcz, jedna łza, suchy czas.
Tory wiodą w czarny las.

Tak to, tak, stuka koło. Las bez polan.
Tak to, tak. Lasem jedzie transport wołań.
Tak to, tak. Obudzona w nocy słyszę
tak to, tak, łomotanie ciszy w ciszę.

Uma nuvem de gente sobre o país seguiu,
nuvem grande, chuva pouca, uma lágrima caiu,
chuva pouca, uma lágrima, secura.
Os trilhos dão em uma floresta escura.

Sim, é assim, segue pelos trilhos o trem.
Sim, é assim. O transporte dos gritos de ninguém.
Sim, é assim. Desperta na noite escuto
sim, é assim, o surdo martelar do silêncio.

Martwa natura z balonikiem

Zamiast powrotu wspomnień
w czasie umierania
zamawiam sobie powrót
pogubionych rzeczy.

Oknami drzwiami parasole,
walizki, rękawiczki, płaszcz,
żebym mogła powiedzieć:
Na co mi to wszystko.

Agrafki, grzebień ten i tamten,
róża z bibuły, sznurek, nóż,
żebym mogła powiedzieć:
Niczego mi nie żal.

Gdziekolwiek jesteś kluczu,
staraj się przybyć w porę,
żebym mogła powiedzieć:
Rdza, mój drogi, rdza.

Spadnie chmura zaświadczeń,
przepustek i ankiet,
żebym mogła powiedzieć:
Słoneczko zachodzi.

Zegarku, wypłyń z rzeki,
pozwól się wziąć do ręki,

Natureza-morta com um balãozinho

Em vez da volta das lembranças
na hora de morrer
quero ter de volta
as coisas perdidas.

Pela porta, janela, malas,
sombrinhas, luvas, casaco,
para que eu possa dizer:
Para que tudo isso.

Alfinetes, este e aquele pente,
rosa de papel, barbante, faca,
para que eu possa dizer:
Nada disso me faz falta.

Esteja onde estiver, chave,
tente chegar a tempo,
para que eu possa dizer:
Ferrugem, minha cara, ferrugem.

Caia uma nuvem de atestados,
licenças, enquetes,
para que eu possa dizer:
Que lindo o sol se pondo.

Relógio, aflore do rio
e permita que te segure na mão,

*żebym mogła powiedzieć:
Udajesz godzinę.*

*Znajdzie się też balonik
porwany przez wiatr,
żebym mogła powiedzieć:
Tutaj nie ma dzieci.*

*Odfruń w otwarte okno
odfruń w szeroki świat,
niech ktoś zawoła: O!
żebym zapłakać mogła.*

para que eu possa dizer:
Você finge ser a hora.

Vai aparecer também um balãozinho
levado pelo vento,
para que eu possa dizer:
Aqui não há crianças.

Voe pela janela aberta,
voe para o vasto mundo,
que alguém grite: Ó!
para que eu possa chorar.

Z nieodbytej wyprawy w Himalaje

Aha, więc to są Himalaje.
Góry w biegu na księżyc.
Chwila startu utrwalona
na rozprutym nagle niebie.
Pustynia chmur przebita.
Uderzenie w nic.
Echo — biała niemowa.
Cisza.

Yeti, niżej jest środa,
abecadło, chleb
i dwa a dwa to cztery
i topnieje śnieg.
Jest czerwone jabłuszko
przekrojone na krzyż.

Yeti, nie tylko zbrodnie
są u nas możliwe.
Yeti, nie wszystkie słowa
skazują na śmierć.

Dziedziczymy nadzieję —
dar zapominania.
Zobaczysz jak rodzimy
dzieci na ruinach.

De uma expedição não realizada ao Himalaia

Ah, então este é o Himalaia.
Montanhas correndo para a lua.
O instante da largada fixado
no rasgar súbito do céu.
Deserto de nuvens perfurado.
Um golpe no nada.
Eco — mudo branco.
Silêncio.

Yeti, lá embaixo é quarta-feira,
tem abecedário, pão
e dois e dois são quatro
e a neve derrete.
Tem rosa amarela,
tão formosa, tão bela.

Yeti, não só crimes
acontecem entre nós.
Yeti, nem todas as palavras
condenam à morte.

Herdamos a esperança —
o dom de esquecer.
Você vai ver como damos
à luz em meio a ruínas.

Yeti, Szekspira mamy.
Yeti, na skrzypcach gramy.
Yeti, o zmroku
zapalamy światło.

Tu — ni księżyc, ni ziemia
i łzy zamarzają.
O Yeti Półtwardowski,
zastanów się, wróć!

Tak w czterech ścianach lawin
wołałam do Yeti
przytupując dla rozgrzewki
na śniegu
na wiecznym.

Yeti, temos Shakespeare lá.
Yeti, e violinos para tocar.
Yeti, ao cair a noite
acendemos a luz.

Aqui — nem lua nem terra
e a lágrima congela.
Ó Yeti meio lunar,
pense, volte!

Entre as quatro paredes da avalanche
assim eu chamava pelo Yeti
batendo os pés para me aquecer
na neve
na eterna.

Sen nocy letniej

Już las w Ardenach świeci.
Nie zbliżaj się do mnie.
Głupia, głupia,
zadawałam się ze światem:

Jadłam chleb, piłam wodę,
wiatr mnie owiał, deszcz mnie zmoczył.
Dlatego strzeż się mnie, odejdź.
I dlatego zasłoń oczy.

Odejdź, odejdź, ale nie po lądzie,
Odpłyń, odpłyń, ale nie po morzu.
Odfruń, odfruń, dobry mój,
ale powietrza nie tykaj.

Patrzmy w siebie zamkniętymi oczami.
Mówmy sobie zamkniętymi ustami.
Bierzmy się przez gruby mur.

Małośmieszna para z nas:
zamiast księżyca świeci las
a podmuch zrywa twojej damie
radioaktywny płaszcz, Pyramie.

Sonho de uma noite de verão

Já se acende o bosque de Ardenas.
Não se aproxime de mim.
Tola, tola,
me meti com o mundo.

Comi pão, bebi água,
o vento me envolveu, a chuva me molhou.
Por isso cuidado comigo. Vá-se embora.
E por isso cubra os olhos.

Vá-se embora, vá-se embora, mas não por terra.
Navegue, navegue, mas não por mar.
Voe, voe, meu caro,
mas não toque o ar.

Fitemo-nos de olhos fechados.
Falemo-nos com os lábios cerrados.
Abracemo-nos através de um largo muro.

Dupla pouco divertida esta:
em vez da lua, brilha a floresta
e um forte vento, ó Píramo, inflama
o manto radiativo de tua dama.

Atlantyda

Istnieli albo nie istnieli.
Na wyspie albo nie na wyspie.
Ocean albo nie ocean
połknął ich albo nie.

Czy było komu kochać kogo?
Czy było komu walczyć z kim?
Działo się wszystko albo nic
tam albo nie tam.

Miast siedem stało.
Czy na pewno?
Stać wiecznie chciało.
Gdzie dowody?

Nie wymyślili prochu, nie.
Proch wymyślili, tak.

Przypuszczalni. Wątpliwi.
Nie upamiętnieni.

Nie wyjęci z powietrza,
z ognia, z wody, z ziemi.

Nie zawarci w kamieniu
ani w kropli deszczu.

Atlântida

Existiram ou não existiram.
Era ou não era numa ilha.
Foi o oceano ou não foi o oceano
que os engoliu ou não.

Alguém pôde amar alguém?
Alguém pôde lutar com alguém?
Sucedeu tudo ou nada,
foi ali ou não foi.

Havia sete cidades.
Será mesmo?
Queriam ser eternas.
E as provas?

Não inventaram a pólvora, não.
A pólvora, inventaram-na, sim.

Hipotéticos. Duvidosos.
Não comemorados.

Não extraídos do fogo,
da água, da terra, do ar.

Não contidos numa pedra
nem numa gota de chuva.

*Nie mogący na serio
pozować do przestróg.*

*Meteor spadł.
To nie meteor.
Wulkan wybuchnął.
To nie wulkan.
Ktoś wołał coś.
Niczego nikt.*

Na tej plus minus Atlantydzie.

Não podendo a sério
posar como advertência.

Um meteoro caiu.
Não foi um meteoro.
Um vulcão explodiu.
Não foi um vulcão.
Alguém clamou por algo.
Ninguém, por nada.

Nessa mais ou menos Atlântida.

SAL

Chwila w Troi

Małe dziewczynki
chude i bez wiary,
że piegi znikną z policzków,

nie zwracają niczyjej uwagi,
chodząc po powiekach świata,

podobne do tatusia albo do mamusi,
szczerze tym przerażone,

znad talerza,
znad książki,
sprzed lustra
porywane bywają do Troi.

W wielkich szatniach okamgnienia
przeobrażają się w piękne Heleny.

Wstępują po królewskich schodach
w szumie podziwu i długiego trenu.

Czują się lekkie. Wiedzą, że
piękność to wypoczynek,
że mowa sensu ust nabiera,
a gesty rzeźbią się same
w odniechceniu natchnionym.

Um instante em Troia

Menininhas,
magras e descrentes,
de que as sardas sumirão das bochechas,

não chamam nenhuma atenção,
perambulando pelas pálpebras do mundo,

parecidas com o papai ou a mamãe,
e sinceramente assustadas com isso,

diante do prato,
diante do livro,
da frente do espelho
sucede serem raptadas para Troia.

Nos grandes vestiários de um pestanejar
se transformam em formosas Helenas.

Ascendem as escadas reais
num sussurro de assombro e de sedas.

Sentem-se leves. Sabem que
a beleza é um descanso,
que a fala assume o sentido dos lábios
e os gestos se esculpem sozinhos
em inspirado fastio.

*Twarzyczki ich
warte odprawy posłów
dumnie sterczą na szyjach
godnych oblężenia.*

*Bruneci z filmów,
bracia koleżanek,
nauczyciel rysunków,
ach, polegną wszyscy.*

*Małe dziewczynki
z wieży uśmiechu
patrzą na katastrofę.*

*Małe dziewczynki
ręce załamują
w upajającym obrzędzie obłudy.*

*Małe dziewczynki
na tle spustoszenia
w diademie płonącego miasta
z kolczykami lamentu powszechnego w uszach.*

*Blade i bez jednej łzy.
Syte widoku. Tryumfalne.
Zasmucone tym tylko,
że trzeba powrócić.*

*Małe dziewczynki
powracające.*

Seus rostinhos
que valem a demissão dos emissários
se projetam com orgulho de colos
dignos de um cerco.

Os morenos dos filmes,
os irmãos das colegas,
o professor de desenho,
ah, todos tombarão por elas.

As menininhas
da torre do sorriso
observam a catástrofe.

As menininhas
torcem as mãos
num rito inebriante de hipocrisia.

As menininhas
contra o fundo da devastação
no diadema da cidade em chamas
e os brincos do lamento universal nas orelhas.

Pálidas e sem uma lágrima.
Saciadas da visão. Triunfais.
Tristes somente
de ter que voltar.

As menininhas
voltando.

Reszta

Ofelia odśpiewała szalone piosenki
i wybiegła ze sceny zaniepokojona,
czy suknia nie pomięła się, czy na ramiona
spływały włosy tak, jak trzeba.

Na domiar prawdziwego, brwi z czarnej rozpaczy
zmywa i — jak rodzona Poloniusza córka —
liście wyjęte z włosów liczy dla pewności.
Ofelio, mnie i tobie niech Dania przebaczy:
zginę w skrzydłach, przeżyję w praktycznych pazurkach.
Non omnis moriar z miłości.

O resto

Ofélia acabou de cantar cantigas loucas
e saiu de cena preocupada:
será que o vestido não amarrotou, o cabelo
caiu nos seus ombros do jeito que devia?

Para cúmulo da verdade, lava o cenho do negro
desespero e — como filha de Polônio que é —
para ter certeza conta as folhas tiradas do cabelo.
Ofélia, que a Dinamarca perdoe a mim e a ti:
morrerei com asas; sobreviverei com garras práticas.
Non omnis moriar de amor.

Słówka

— La Pologne? La Pologne? *Tam strasznie zimno, prawda?* — *spytała mnie i odetchnęła z ulgą. Bo porobiło się tych krajów tyle, że najpewniejszy jest w rozmowie klimat.*

— O pani — *chcę jej odpowiedzieć* — poeci mego kraju piszą w rękawicach. Nie twierdzę, że ich wcale nie zdejmują; jeżeli księżyc przygrzeje, to tak. W strofach złożonych z gromkich pohukiwań, bo tylko to przedziera się przez ryk wichury, śpiewają prosty byt pasterzy fok. Klasycy ryją soplem atramentu na przytupanych zaspach. Reszta, dekadenci, płaczą nad losem gwiazdkami ze śniegu. Kto chce się topić, musi mieć siekierę do zrobienia przerębli. O pani, o moja droga pani.

Tak chcę jej odpowiedzieć. Ale zapomniałam, jak będzie foka po francusku. Nie jestem pewna sopla i przerębli.

— La Pologne? La Pologne? *Tam strasznie zimno, prawda?*

— Pas du tout — *odpowiadam lodowato.*

Umas palavrinhas

— *La Pologne? La Pologne?* Lá deve fazer um frio horrível, não é? — me perguntou e suspirou de alívio. Porque têm surgido tantos desses países que o melhor é falar do clima.

— Ó senhora — gostaria de lhe responder —, os poetas de meu país escrevem com luvas. Não estou dizendo que nunca as tiram; quando a lua aquece, tiram-nas sim. Em estrofes compostas de gritos tonitruantes, pois só isso vence o bramido do vento, cantam as vidas simples dos pastores de focas. Nossos clássicos gravam com sincelos de tinta nos montes de neve pisoteados. O restante, os decadentes, chora seu fado em estrelinhas de neve. Quem quer se afogar necessita de um machado para fazer um buraco no gelo. Ó senhora, minha cara senhora.

Queria lhe responder assim. Mas esqueci como é foca em francês. E não tenho certeza de como se diz sincelo ou buraco.

— *La Pologne? La Pologne?* Lá deve fazer um frio horrível, não é?

— *Pas du tout* — respondo gelidamente.

Elegia podróżna

*Wszystko moje, nic własnością,
nic własnością dla pamięci,
a moje dopóki patrzę.*

*Ledwie wspomniane, już niepewne
boginie swoich głów.*

*Z miasta Samokov tylko deszcz
i nic prócz deszczu.*

*Paryż od Luwru do paznokcia
bielmem zachodzi.*

*Z bulwaru Saint-Martin zostały schodki
i wiodą do zaniku.*

*Nie więcej niż półtora mostu
w Leningradzie mostowym.*

*Biedna Uppsala
z odrobiną wielkiej katedry.*

*Nieszczęsny tancerz sofijski,
ciało bez twarzy.*

Elegia de viagem

Tudo meu, nenhuma posse,
nenhuma posse para a lembrança,
mas meu enquanto olho.

Deusas mal lembradas e já
incertas de suas cabeças.

Da cidade de Samokov só a chuva
e nada além da chuva.

Paris do Louvre às unhas
em brancura se vela.

Do Boulevard Saint-Martin restam escadas
e levam à desaparição.

Nada além de uma ponte e meia
na Leningrado das pontes.

A pobre Uppsala
um pedacinho da grande catedral.

O infeliz dançarino de Sófia
um corpo sem rosto.

Osobno jego twarz bez oczu,
osobno jego oczy bez źrenic,
osobno źrenice kota.

Kaukaski orzeł szybuje
nad rekonstrukcją wąwozu,
złoto słońca nieszczere
i fałszywe kamienie.

Wszystko moje, nic własnością,
nic własnością dla pamięci,
a moje, dopóki patrzę.

Nieprzebrane, nieobjęte,
a poszczególne aż do włókna,
ziarnka piasku, kropli wody
— krajobrazy.

Nie uchowam ani źdźbła
w jego pełnej widzialności.

Powitanie z pożegnaniem
w jednym spojrzeniu.

Dla nadmiaru i dla braku
jeden ruch szyi.

Ora um rosto sem olhos,
ora os olhos sem pupilas,
ora as pupilas de um gato.

A águia do Cáucaso volteia
sobre a reconstrução do desfiladeiro,
o ouro do sol insincero
e pedras falsas.

Tudo meu, nenhuma posse,
nenhuma posse para a lembrança,
mas meu enquanto olho.

Inumeráveis, impossuídas,
mas distintas até a menor fibra,
grão de areia ou gota d'água
— as paisagens.

Não conservo nem uma palha
na sua inteira visibilidade.

Saudação e despedida
numa única olhada.

Para o excesso e a falta
um só mover do pescoço.

Niespodziane spotkanie

Jesteśmy bardzo uprzejmi dla siebie,
twierdzimy, że to miło spotkać się po latach.

Nasze tygrysy piją mleko.
Nasze jastrzębie chodzą pieszo.
Nasze rekiny toną w wodzie.
Nasze wilki ziewają przed otwartą klatką.

Nasze żmije otrząsnęły się z błyskawic,
małpy z natchnień, pawie z piór.
Nietoperze jakże dawno uleciały z naszych włosów.

Milkniemy w połowie zdania
bez ratunku uśmiechnięci.
Nasi ludzie
nie umieją mówić z sobą.

Um encontro inesperado

Nos tratamos com muita cortesia,
dizemos que é ótimo nos encontrarmos depois de anos.

Nossos tigres bebem leite.
Nossos falcões andam a pé.
Nossos tubarões se afogam n'água.
Nossos lobos bocejam junto à jaula aberta.

Nossas víboras livraram-se dos relâmpagos,
os macacos da inspiração, os pavões das penas.
Os morcegos já há muito voaram dos nossos cabelos.

Silenciamos no meio da frase,
impotentes, sorridentes.
Nossa gente
não sabe se falar.

Złote gody

Musieli kiedyś być odmienni,
ogień i woda, różnić się gwałtownie,
obrabowywać i obdarowywać
w pożądaniu, napaści na niepodobieństwo.
Objęci, przywłaszczali się i wywłaszczali
tak długo,
aż w ramionach zostało powietrze
przeźroczyste po odlocie błyskawic.

Pewnego razu odpowiedź padła przed pytaniem.
Którejś nocy odgadli wyraz swoich oczu
po rodzaju milczenia, w ciemności.

Spełza płeć, tleją tajemnice,
w podobieństwie spotykają się różnice
jak w bieli wszystkie kolory.

Kto z nich jest podwojony, a kogo tu brak?
Kto się uśmiecha dwoma uśmiechami?
Czyj głos rozbrzmiewa na dwa głosy?
W czyim potakiwaniu kiwają głowami?
Czyim gestem podnoszą łyżeczki do ust?

Kto z kogo tutaj skórę zdarł?
Kto tutaj żyje, a kto zmarł
wplątany w linie — czyjej dłoni?

Bodas de ouro

Devem ter sido diferentes um dia,
fogo e água, diferindo com veemência,
sequestrando e se doando
no desejo, no assalto à dessemelhança.
Abraçados, apropriaram-se e expropriaram
por tanto tempo,
que nos braços restou o ar
translúcido depois do relâmpago.

Um dia a resposta antecipou a pergunta.
Uma noite adivinharam a expressão do olhar do outro
pelo tipo de silêncio, no escuro.

O sexo fenece, os segredos se consomem,
na semelhança as diferenças se encontram
como todas as cores no branco.

Qual deles está duplicado e qual aqui está faltando?
Qual sorri com um duplo sorriso?
A voz de quem ressoa nas duas vozes?
Quem assente quando acenam com a cabeça?
Com o gesto de quem levam a colher à boca?

Quem arrancou a pele de quem?
Quem vive e quem morreu
enredado na linha — de qual mão?

Pomału z zapatrzenia rodzą się bliźnięta.
Zażyłość jest najdoskonalszą z matek —
nie wyrożnia żadnego z dwojga swoich dziatek,
które jest które ledwie że pamięta.

W dniu złotych godów, w uroczystym dniu
jednakowo ujrzany gołąb siadł na oknie.

Devagarinho, de tanto olhar, nascem gêmeos.
A familiaridade é a mais perfeita das mães —
não faz distinção entre os seus dois filhos,
mal recorda qual é qual.

No dia das bodas de ouro, dia festivo,
uma pomba vista de forma idêntica pousou na janela.

Obóz głodowy pod Jasłem

*Napisz to. Napisz. Zwykłym atramentem
na zwykłym papierze: nie dano im jeść,
wszyscy pomarli z głodu. Wszyscy? Ilu?
To duża łąka. Ile trawy
przypadło na jednego? Napisz: nie wiem.
Historia zaokrągla szkielety do zera.
Tysiąc i jeden to wciąż jeszcze tysiąc.
Ten jeden, jakby go wcale nie było:
płód urojony, kołyska próżna,
elementarz otwarty dla nikogo,
powietrze, które śmieje się, krzyczy i rośnie,
schody do pustki zbiegającej do ogrodu,
miejsce niczyje w szeregu.*

*Jesteśmy na tej łące, gdzie stało się ciałem.
A ona milczy jak kupiony świadek.
W słońcu. Zielona. Tam opodal las
do żucia drewna, do picia spod kory —
porcja widoku codzienna,
póki się nie oślepnie. W górze ptak,
który po ustach przesuwał się cieniem
pożywnych skrzydeł. Otwierały się szczęki
uderzał ząb o ząb.
Nocą na niebie błyskał sierp
i żął na śnione chleby.
Nadlatywały ręce z poczerniałych ikon
z pustymi kielichami w palcach.*

Campo da fome em Jasło

Escreve isto. Escreve. Com tinta comum
em papel comum: não lhes deram comida,
todos morreram de fome. *Todos? Quantos?*
É uma grande campina. Quanta grama
coube a cada um? Escreve: não sei.
A história arredonda os esqueletos para zero.
Mil e um é sempre e apenas mil.
Esse um, é como se nunca existisse:
embrião imaginado, berço vazio,
cartilha aberta para ninguém,
ar que ri, grita e cresce,
escada para um vazio que corre para o jardim,
lugar de ninguém na fila.

Estamos nesta campina, onde se fez carne.
Mas ela se cala como uma testemunha comprada.
Ao sol. Verde. Ali perto um bosque,
madeira para mascar, debaixo da casca o que beber —
uma porção diária de vista
enquanto a cegueira não chega. No alto
um pássaro a deslizar pelas bocas a sombra
das asas nutritivas. As mandíbulas se abriam,
dente batia contra dente.
À noite no céu brilhava uma foice
e ceifava o pão sonhado.
Mãos voavam de ícones enegrecidos
segurando cálices vazios.

Na rożnie kolczastego drutu
chwiał się człowiek.
Śpiewano z ziemią w ustach. Śliczną pieśń
o tym, że wojna trafia prosto w serce.
Napisz, jaka tu cisza.
Tak.

Na cerca de arame farpado
um homem se contorcia.
Cantava-se com terra na boca. *Linda canção*
sobre como a guerra atinge direto o coração.
Escreve como aqui há silêncio.
Sim.

Przypowieść

    Rybacy wyłowili z głębiny butelkę. Był w niej papier, a na nim takie były słowa: „Ludzie, ratujcie! Jestem tu. Ocean mnie wyrzucił na bezludną wyspę. Stoję na brzegu i czekam pomocy. Spieszcie się. Jestem tu!"

    — Brakuje daty. Pewnie już za późno. Butelka mogła długo pływać w morzu — powiedział rybak pierwszy.

    — I miejsce nie zostało oznaczone. Nawet ocean nie wiadomo który — powiedział rybak drugi.

    — Ani za późno, ani za daleko. Wszędzie jest wyspa Tu — powiedział rybak trzeci.

    Zrobiło się nieswojo, zapadło milczenie. Prawdy ogólne mają to do siebie.

Parábola

Pescadores retiraram uma garrafa das profundezas. Nela havia um papel e no papel estavam escritas estas palavras: "Gente, me salvem! Estou aqui. O oceano me jogou nesta ilha deserta. Estou na praia esperando ajuda. Se apressem. Estou aqui!".

— Não tem data. Decerto já é tarde demais. A garrafa deve ter flutuado muito tempo no mar — disse o primeiro pescador.

— E não diz onde é o lugar. Não dá pra saber nem qual é o oceano — disse o segundo pescador.

— Não é nem tarde demais nem longe demais. A ilha Aqui está em toda parte — disse o terceiro pescador.

Houve um desconforto. Fez-se silêncio. As verdades gerais têm isso.

Kobiety Rubensa

Waligórzanki, żeńska fauna
jak łoskot beczek nagie.
Gnieżdżą się w stratowanych łożach,
śpią z otwartymi do piania ustami.
Źrenice ich uciekły w głąb
i penetrują do wnętrza gruczołów,
z których się drożdże sączą w krew.

Córy baroku. Tyje ciasto w dzieży,
parują łaźnie, rumienią się wina,
cwałują niebem prosięta obłoków,
rżą trąby na fizyczny alarm.

O rozdynione, o nadmierne
i podwojone odrzuceniem szaty,
i potrojone gwałtownością pozy
tłuste dania miłosne!

Ich chude siostry wstały wcześniej,
zanim się rozwidniło na obrazie.
I nikt nie widział, jak gęsiego szły
po niezamalowanej stronie płótna.

Wygnanki stylu. Żebra przeliczone,
ptasia natura stóp i dłoni.
Na sterczących łopatkach próbują ulecieć.

As mulheres de Rubens

Herculinas, fauna feminina,
nuas como um ribombo de barris.
Aninham-se em leitos pisados
dormem de boca aberta para cocoricar.
Suas pupilas fugiram para o fundo
e penetram no interior das glândulas,
donde os fermentos se infiltram no sangue.

Filhas do barroco. Incha a massa na gamela,
banhos soltam vapor, vinhos enrubescem,
galopam pelo céu leitões de nuvens,
trombetas estrondeiam o alarme físico.

Ó aboboradas, ó desmesuradas
e duplicadas pela renúncia das vestes
e triplicadas pela violência da pose,
pratos gordurosos do amor!

Suas irmãs magras levantaram mais cedo,
antes que clareasse no quadro.
E ninguém viu quando seguiram em fila
do lado não pintado da tela.

Banidas do estilo. Costelas à mostra,
pés e mãos de pássaros.
Tentam voar nas espáduas salientes.

Trzynasty wiek dałby im złote tło.
Dwudziesty — dałby ekran srebrny.
Ten siedemnasty nic dla płaskich nie ma.

Albowiem nawet niebo jest wypukłe,
wypukli aniołowie i wypukły bóg —
Febus wąsaty, który na spoconym
rumaku wjeżdża do wrzącej alkowy.

O século treze lhes daria um fundo dourado.
O vinte — uma tela prateada.
O dezesseis não tem nada para as retilíneas.

Porque até mesmo o céu é bojudo
bojudos os anjos e bojudo o deus —
um Febo bigodudo que num corcel suado
cavalga para a alcova fervente.

Konkurs piękności męskiej

Od szczęk do pięty wszedł napięty.
Oliwne na nim firmamenty.
Ten tylko może być wybrany,
kto jest jak strucla zasupłany.

Z niedźwiedziem bierze się za bary
groźnym (chociaż go wcale nie ma).
Trzy niewidzialne jaguary
padają pod ciosami trzema.

Rozkroku mistrz i przykucania.
Brzuch ma w dwudziestu pięciu minach.
Biją mu brawo, on się kłania
na odpowiednich witaminach.

Concurso de beleza masculina

Caminhando teso do maxilar ao calcanhar
em profusão de óleo a brilhar.
Somente há de ser escolhido
se qual uma rosca for retorcido.

Com um urso feroz luta sobranceiro
(embora seja um urso implausível).
Caem sob seus golpes certeiros
três jaguares invisíveis.

Mestre dos passos e flexões.
Barriga tanquinho em vinte lições.
O povo aplaude, ele se inclina
e agradece às vitaminas.

Prolog komedii

Zrobił sobie szklane skrzypce, bo chciał zobaczyć muzykę. Wyciągnął łódź na sam wierzchołek góry i czekał, kiedy morze do niego dopłynie. Nocami rozczytywał się w „Rozkładzie jazdy"; końcowe stacje rozczulały go do łez. Hodował róże przez u zwykłe. Napisał wiersz na porost włosów i jeszcze drugi na tenże. Zepsuł zegar na ratuszu, żeby wstrzymać raz na zawsze opadanie liści z drzew. W doniczce po szczypiorku chciał wykopać miasto. Chodził z Ziemią u nogi, uśmiechnięty, pomalutku, jak dwa i dwa to dwa — szczęśliwy. Kiedy mu powiedziano, że go wcale nie ma, nie mogąc umrzeć z żalu — musiał się urodzić. Już gdzieś tam sobie żyje, mruga oczkami i rośnie. W samą porę! W dobry czas! Miłościwej Pani Naszej, Maszynie Słodkiej Roztropnej dla godziwej rozrywki i niewinnej pociechy rychło błazen się przyda.

Prólogo a uma comédia

Fez para si um violino de vidro porque queria ver a música. Arrastou um barco até o cimo da montanha e esperou que o mar chegasse até ele. De noite se deleitava lendo a "Tabela de horários dos trens"; os terminais o comoviam até às lágrimas. Cultivava rosas com "z". Escreveu um poema para crescer o cabelo e depois mais outro. Quebrou o relógio da torre da prefeitura para suspender para sempre a queda das folhas das árvores. Num vaso de cebolinhas quis desenterrar uma cidade. Caminhava com a Terra presa ao pé, lentamente, sorridente, feliz, como dois e dois são dois. Quando lhe foi dito que de fato não existe, não podendo morrer de tristeza precisou nascer. Vive por aí, pisca os olhos e cresce. Na hora exata! Num bom momento! Para Nossa Graciosa Senhora, Doce Máquina Sensata, em breve será útil um bufão para seu merecido prazer e conforto inocente.

***

Jestem za blisko, żeby mu się śnić.
Nie fruwam nad nim, nie uciekam mu
pod korzeniami drzew. Jestem za blisko.
Nie moim głosem śpiewa ryba w sieci.
Nie z mego palca toczy się pierścionek.
Jestem za blisko. Wielki dom się pali
beze mnie wołającej ratunku. Za blisko,
żeby na moim włosie dzwonił dzwon.
Za blisko, żebym mogła wejść jak gość,
przed którym rozsuwają się ściany.
Już nigdy po raz drugi nie umrę tak lekko,
tak bardzo poza ciałem, tak bezwiednie,
jak niegdyś w jego śnie. Jestem za blisko,
za blisko. Słyszę syk
i widzę połyskliwą łuskę tego słowa,
znieruchomiała w objęciu. On śpi,
w tej chwili dostępniejszy widzianej raz w życiu
kasjerce wędrownego cyrku z jednym lwem
niż mnie leżącej obok.
Teraz dla niej rośnie w nim dolina
rudolistna, zamknięta ośnieżoną górą
w lazurowym powietrzu. Ja jestem za blisko,
żeby mu z nieba spaść. Mój krzyk
mógłby go tylko zbudzić. Biedna,
ograniczona do własnej postaci,
a byłam brzozą, a byłam jaszczurką,
a wychodziłam z czasów i atłasów

***

Estou perto demais para ele sonhar comigo
Não pairo sobre ele, não fujo dele
sob as raízes das árvores. Estou perto demais.
Não é com a minha voz que o peixe canta na rede.
Não é do meu dedo que rola o anel.
Estou perto demais. A casa enorme queima
sem que eu grite por socorro. Perto demais
para que no meu cabelo soe um sino.
Perto demais para que possa entrar como hóspede
diante de quem as paredes se abrem.
Nunca de novo morrerei tão leve,
tão além do corpo, tão inconsciente
como outrora no seu sonho. Estou perto demais,
perto demais. Ouço um sibilo
e vejo a escama brilhante dessa palavra
imobilizada no abraço. Ele dorme,
mais acessível neste instante à caixa do circo
itinerante com um leão, que viu uma única vez,
do que a mim deitada a seu lado.
Para ela cresce nele agora um vale
de folhas rubras, fechado por um monte nevado
no ar azul. Estou perto demais
para lhe cair do céu. Meu grito
só poderia acordá-lo. Pobre de mim,
limitada à minha própria forma,
eu que fui bétula, que fui lagartixa,
e largava os anos e panos

*mieniąc się kolorami skór. A miałam
łaskę znikania sprzed zdumionych oczu,
co jest bogactwem bogactw. Jestem blisko,
za blisko, żeby mu się śnić.
Wysuwam ramię spod głowy śpiącego,
zdrętwiałe, pełne wyrojonych szpilek.
Na czubku każdej z nich, do przeliczenia,
strąceni siedli anieli.*

cambiando as cores das peles. E tinha
o dom de desaparecer ante olhos espantados,
riqueza das riquezas. Estou perto demais,
perto demais para ele sonhar comigo.
Retiro de sob sua cabeça adormecida
meu braço dormente, um enxame de alfinetes.
No topo de cada um deles, para serem contados,
assentaram-se os anjos caídos.

Na wieży Babel

— Która godzina? — *Tak, jestem szczęśliwa,
i brak mi tylko dzwoneczka u szyi,
który by brzęczał nad tobą, gdy śpisz.*
— Więc nie słyszałaś burzy? Murem targnął wiatr,
wieża ziewnęła jak lew, wielką bramą
na skrzypiących zawiasach. — *Jak to, zapomniałeś?
Miałam na sobie zwykłą szarą suknię
spinaną na ramieniu.* — I natychmiast potem
niebo pękło w stubłysku. — *Jakże mogłam wejść,
przecież nie byłeś sam.* — Ujrzałem nagle
kolory sprzed istnienia wzroku. — *Szkoda,
że nie możesz mi przyrzec.* — Masz słuszność
widocznie to był sen. — *Dlaczego kłamiesz,
dlaczego mówisz do mnie jej imieniem,
kochasz ją jeszcze?* — O tak, chciałbym,
żebyś została ze mną. — *Nie mam żalu,
powinnam była domyślić się tego.*
— Wciąż myślisz o nim? — *Ależ ja nie płaczę.*
— I to już wszystko? — *Nikogo jak ciebie.*
— Przynajmniej jesteś szczera. — *Bądź spokojny,
wyjadę z tego miasta.* — Bądź spokojna,
odejdę stąd. — *Masz takie piękne ręce.*
— To stare dzieje, ostrze przeszło
nie naruszając kości. — *Nie ma za co,
mój drogi, nie ma za co.* — Nie wiem
i nie chcę wiedzieć, która to godzina.

Na torre de Babel

— *Que horas são?* — Sim, estou feliz,
só me falta um sininho ao pescoço,
que toque sobre você quando dorme.
— *Não ouviu o temporal? O vento sacudiu o muro,
a torre bocejou como um leão, o grande portão
rangeu nas dobradiças.* — Mas como, esqueceu?
Eu usava um simples vestido cinza
abotoado no ombro. — *E logo depois o céu
rompeu em cem clarões.* — Como eu podia entrar?
Você não estava sozinho. — *E de repente vi cores
preexistentes à própria visão.* — Que pena
que não possa me prometer. — *Você está certa,
deve ter sido um sonho.* — Por que mente,
por que me chama com o nome dela,
você ainda a ama? — *Oh, sim, queria
que você ficasse comigo.* — Não guardo rancor,
eu devia ter imaginado isso.
— *Ainda pensa nele?* — Mas não estou chorando.
— *E isso é tudo?* — Ninguém como você.
— *Pelo menos você é sincera.* — Fique tranquilo,
vou embora desta cidade. — *Fique tranquila,
eu vou embora daqui.* — Você tem mãos tão lindas.
— *Esta é uma velha história, a lâmina penetrou
sem tocar no osso.* — Não tem de quê,
meu caro, não tem de quê. — *Não sei
e não quero saber que horas são.*

Woda

Kropla deszczu mi spadła na rękę,
utoczona z Gangesu i Nilu,

z wniebowziętego szronu na wąsikach foki,
z wody rozbitych dzbanów w miastach Ys i Tyr.

Na moim wskazującym palcu
Morze Kaspijskie jest morzem otwartym

a Pacyfik potulnie wpływa do Rudawy
tej samej, co fruwała chmurką nad Paryżem

w roku siedemset sześćdziesiątym czwartym
siódmego maja o trzeciej nad ranem.

Nie starczy ust do wymówienia
przelotnych imion twoich, wodo.

Musiałabym cię nazwać we wszystkich językach
wypowiadając wszystkie naraz samogłoski

i jedonocześnie milczeć — dla jeziora,
które nie doczekało jakiejkolwiek nazwy

i nie ma go na ziemi — jak i na niebie
gwiazdy odbitej w nim.

Água

Uma gota de chuva me caiu na mão
extraída do Ganges e do Nilo,

da geada ascendida ao céu no bigodinho de uma foca,
da água dos potes quebrados nas cidades de Ys e de Tiro.

No meu dedo indicador
o mar Cáspio é um mar aberto,

e o Pacífico flui dócil para o Rudawa
o mesmo que flutuava como nuvenzinha sobre Paris

no ano setecentos e sessenta e quatro
em sete de maio às três da manhã.

Não há bocas suficientes para proferir
teus nomes fugazes, ó água.

Teria que te nomear em todas as línguas
enunciando ao mesmo tempo todas as vogais

e simultaneamente silenciar — pelo lago
ao qual não coube nenhum nome

e que não existe na terra — como no céu
não há estrela nele refletida.

Ktoś tonął, ktoś o ciebie wołał umierając.
Było to dawno i było to wczoraj.

Domy gasiłaś, domy porywałaś
jak drzewa, lasy jak miasta.

Byłaś w chrzcielnicach i wannach kurtyzan.
W pocałunkach, w całunach.

Gryząc kamienie, karmiąc tęcze.
W pocie i rosie piramid, bzów.

Jakie to lekkie w kropli deszczu.
Jak delikatnie dotyka mnie świat.

Cokolwiek kiedykolwiek gdziekolwiek się działo,
spisane jest na wodzie babel.

Alguém se afogou, alguém que morria te chamou.
Foi há muito tempo e foi ontem.

Extinguias o fogo de casas, arrastavas casas
como árvores, florestas como cidades.

Estavas nas pias batismais e nas banheiras das cortesãs.
Nos beijos, nas mortalhas.

Roendo pedras, alimentando arco-íris.
No suor e no orvalho das pirâmides, dos lilases.

Como tudo é leve numa gota de chuva.
Com que delicadeza o mundo me toca.

O que quer que, quando quer que, onde quer que
se passou, está escrito na água de babel.

W rzece Heraklita

W rzece Heraklita
ryba łowi ryby,
ryba ćwiartuje rybę ostrą rybą,
ryba buduje rybę, ryba mieszka w rybie,
ryba ucieka z oblężonej ryby.

W rzece Heraklita
ryba kocha rybę,
twoje oczy — powiada — lśnią jak ryby w niebie,
chcę płynąć razem z tobą do wspólnego morza,
o najpiękniejsza z ławicy.

W rzece Heraklita
ryba wymyśliła rybę nad rybami,
ryba klęka przed rybą, ryba śpiewa rybie,
prosi rybę o lżejsze pływanie.

W rzece Heraklita
ja ryba pojedyncza, ja ryba odrębna
(choćby od ryby drzewa i ryby kamienia)
pisuję w poszczególnych chwilach małe ryby
w łusce srebrnej tak krótko,
że może to ciemność w zakłopotaniu mruga?

No rio de Heráclito

No rio de Heráclito
um peixe pesca os peixes,
um peixe corta um peixe com um peixe afiado,
um peixe constrói um peixe, um peixe mora num peixe,
um peixe foge de um peixe sitiado.

No rio de Heráclito
um peixe ama um peixe,
teus olhos — diz — brilham como os peixes no céu,
quero nadar contigo até o mar comum,
ó tu, a mais bela do cardume.

No rio de Heráclito
um peixe imaginou o peixe dos peixes,
um peixe se ajoelha ante um peixe, um peixe canta para um peixe,
e pede ao peixe um nado mais leve.

No rio de Heráclito
eu peixe único, eu peixe separado
(ao menos do peixe árvore e do peixe pedra)
escrevo, em momentos isolados, pequenos peixes
de escamas tão fugazmente prateadas
que talvez a escuridão pisque de embaraço.

MUITO DIVERTIDO

Śmiech

Dziewczynka którą byłam —
znam ją, oczywiście.
Mam kilka fotografii
z jej krótkiego życia.
Czuję wesołą litość
dla paru wierszyków.
Pamiętam kilka zdarzeń.

Ale,
żeby ten, co jest tu ze mną,
roześmiał się i objął mnie,
wspominam tylko jedną historyjkę:
dziecinną miłość
tej małej brzyduli.

Opowiadam,
jak kochała się w studencie,
to znaczy chciała,
żeby spojrzał na nią.

Opowiadam,
jak mu wybiegła naprzeciw
z bandażem na zdrowej głowie,
żeby chociaż, och, zapytał,
co się stało.

Riso

A menina que fui —
conheço-a, é claro.
Tenho umas fotos
de sua vida breve.
Sinto certa pena
de alguns versinhos.
Lembro-me de alguns eventos.

Mas,
para que este que está aqui comigo
ria e me abrace,
recordo só uma historinha:
o amor de infância
daquela feinha.

Conto como
se apaixonou por um estudante,
quer dizer, queria
que ele a olhasse.

Conto como
correu em sua direção
com uma bandagem na testa sã
para que, oh, pelo menos perguntasse
o que aconteceu.

Zabawna mała.
Skądże mogła wiedzieć,
że nawet rozpacz przynosi korzyści,
jeżeli dobrym trafem
pożyje się dłużej.

Dałabym jej na ciastko,
Dałabym na kino.
Idź sobie, nie mam czasu.

No przecież widzisz,
że światło zgaszone.
Chyba rozumiesz,
że zamknięte drzwi.
Nie szarp za klamkę —
ten, co się roześmiał,
ten, co mnie objął,
to nie jest twój student.

Najlepiej, gdybyś wróciła,
skąd przyszłaś.
Nic ci nie jestem winna,
zwyczajna kobieta,
która tylko wie,
kiedy
zdradzić cudzy sekret.

Nie patrz tak na nas
tymi swoimi oczami
zanadto otwartymi,
jak oczy umarłych.

Criança engraçada.
Como podia saber
que até o desespero traz vantagens,
se por sorte
se vive mais tempo.

Eu lhe daria um dinheirinho
para um doce, um cinema.
Vá, não tenho tempo.

Pois decerto você percebe,
a luz está apagada.
Com certeza entende,
a porta está fechada.
Não force a maçaneta —
este que riu,
este que me abraçou
não é o teu estudante.

Era melhor que você voltasse
para o lugar de onde veio.
Não lhe devo nada,
uma mulher comum
que só sabe
quando
trair um segredo alheio.

Não nos olhe desse jeito
com esses teus olhos
tão abertos
como os olhos dos mortos.

Spis ludności

Na wzgórzu, gdzie stała Troja
odkopano siedem miast.
Siedem miast. O sześć za dużo
jak na jedną epopeję.
Co z nimi zrobić, co zrobić.
Pękają heksametry,
afabularna cegła wyziera ze szczelin,
w ciszy filmu niemego obalone mury,
zwęglone belki, zerwane ogniwa,
dzbanki wypite do utraty dna,
amulety płodności, pestki sadów
i czaszki dotykalne jak jutrzejszy księżyc.

Przybywa nam dawności,
robi się w niej tłoczno,
rozpychają się w dziejach dzicy lokatorzy,
zastępy mięsa mieczowego,
reszki orła-Hektora dorównujące mu męstwem,
tysiące i tysiące poszczególnych twarzy,
a każda pierwsza i ostatnia w czasie,
a w każdej dwoje niebywałych oczu.
Tak lekko było nic o tym nie wiedzieć,
tak rzewnie, tak przestronnie.

Co z nimi robić? co im dać?
Jakiś wiek mało zaludniony do tej pory?
Trochę uznania dla sztuki złotniczej?

Censo

Na colina onde ficava Troia
foram escavadas sete cidades.
Sete cidades. Seis a mais
para uma única epopeia.
Que fazer com elas? Que fazer?
Arrebentam os hexâmetros,
um tijolo afabular espia pelas brechas,
no silêncio do filme mudo, muros derrubados,
vigas queimadas, correntes rompidas,
cântaros esvaziados até a última gota,
amuletos da fertilidade, caroços de fruta
e caveiras tangíveis como a lua de amanhã.

Nossa dose de antiguidade vai crescendo,
fica apinhada de gente,
inquilinos brutais se empurram na história,
hordas de carne para a espada,
extras de Heitor iguais a ele em bravura,
milhares e milhares de rostos singulares,
cada um o primeiro e o último no tempo,
e em cada rosto dois olhos sem par.
Era tão fácil não saber nada sobre isso,
tão comovedor, tão amplo.

Que fazer com eles? O que lhes dar?
Algum século pouco povoado até agora?
Um pouco de apreço pela arte da ourivesaria?

Za późno przecież na sąd ostateczny.

My, trzy miliardy sędziów,
mamy swoje sprawy,
własne nieartykułowane rojowiska,
dworce, trybuny sportowe, pochody,
liczebne zagranice ulic, pięter, ścian.
Mijamy się na wieczność w domach towarowych
kupując nowy dzbanek.
Homer pracuje w biurze statystycznym.
Nikt nie wie, co robi w domu.

Pois é muito tarde para o juízo final.

Nós, três bilhões de juízes,
temos nossos problemas,
nossas turbas inarticuladas,
estações, arquibancadas, procissões,
incontáveis números de estranhas ruas, andares, paredes.
Desencontramo-nos para sempre nas grandes lojas
comprando um jarro novo.
Homero trabalha num instituto de estatística.
Ninguém sabe o que ele faz em casa.

Monolog dla Kasandry

To ja, Kasandra.
A to jest moje miasto pod popiołem.
A to jest moja laska i wstążki prorockie.
A to jest moja głowa pełna wątpliwości.

To prawda, tryumfuję.
Moja racja aż łuną uderzyła w niebo.
Tylko prorocy, którym się nie wierzy,
mają takie widoki.
Tylko ci, którzy źle zabrali się do rzeczy,
i wszystko mogło spełnić się tak szybko,
jakby nie było ich wcale.

Wyraźnie teraz przypominam sobie,
jak ludzie, widząc mnie, milkli w pół słowa.
Rwał się śmiech.
Rozplatały się ręce.
Dzieci biegły do matki.
Nawet nie znałam ich nietrwałych imion.
A ta piosenka o zielonym listku —
nikt jej nie kończył przy mnie.

Kochałam ich.
Ale kochałam z wysoka.
Sponad życia.
Z przyszłości. Gdzie zawsze jest pusto
i skąd cóż łatwiejszego jak zobaczyć śmierć.

Monólogo para Cassandra

Sou eu, Cassandra.
E esta é minha cidade sob as cinzas.
E estes são meu bastão e fitas de profeta.
E esta é minha cabeça cheia de dúvidas.

Triunfo, é verdade.
Minha razão em chamas até lambeu o céu.
Só os profetas desacreditados
têm essa vista.
Só aqueles que tiveram um mau começo,
e tudo podia concretizar-se tão rápido,
como se eles nunca tivessem existido.

Recordo claramente agora
como as pessoas, ao me ver, emudeciam.
Morria-lhes o riso.
Desentrelaçavam as mãos.
As crianças corriam para as mães.
Não sabia sequer seus nomes efêmeros.
E aquela canção sobre a folhinha verde —
ninguém a terminava na minha frente.

Eu os amava.
Mas amava do alto.
Acima da vida.
Do futuro. Onde sempre é vazio
e nada é mais fácil do que ver a morte.

Żałuję, że mój głos był twardy.
Spójrzcie na siebie z gwiazd — wołałam —
spójrzcie na siebie z gwiazd.
Słyszeli i spuszczali oczy.

Żyli w życiu.
Podszyci wielkim wiatrem.
Przesądzeni.
Od urodzenia w pożegnalnych ciałach.
Ale była w nich jakaś wilgotna nadzieja,
własną migotliwością sycący się płomyk.
Oni wiedzieli, co to takiego jest chwila,
och bodaj jedna jakakolwiek
zanim —

Wyszło na moje.
Tylko że z tego nie wynika nic.
A to jest moja szatka ogniem osmalona.
A to są moje prorockie rupiecie.
A to jest moja wykrzywiona twarz.
Twarz, która nie wiedziała, że mogła być piękna.

Lamento que minha voz fosse dura.
Olhem para si mesmos das estrelas — bradava —
olhem para si mesmos das estrelas.
Escutavam e baixavam os olhos.

Viviam na vida.
Varridos por um grande vento.
Já condenados.
Presos desde nascidos em corpos de despedida.
Mas havia neles uma esperança úmida,
uma chama que se nutre da própria cintilação.
Eles sabiam o que é um instante,
ah, ao menos um, um qualquer
antes que —

Foi como eu falei.
Só que disso não resulta nada.
E estas são minhas vestes chamuscadas.
E estes são meus trastes de profeta.
E esta é minha face contorcida.
Uma face que não sabia que podia ser bela.

Ścięcie

*Dekolt pochodzi od decollo,
decollo znaczy ścinam szyję.
Królowa szkocka Maria Stuart
przyszła na szafot w stosownej koszuli,
koszula była wydekoltowana
i czerwona jak krwotok.*

*W tym samym czasie
w odludnej komnacie
Elżbieta Tudor Królowa Angielska
stała przy oknie w sukni białej.
Suknia była zwycięsko zapięta pod brodę
i zakończona krochmaloną kryzą.*

*Myślały chórem:
„Boże zmiłuj się nade mną"
„Słuszność po mojej stronie"
„Żyć czyli zawadzać"
„W pewnych okolicznościach sowa jest córką piekarza"
„To się nigdy nie skończy"
„To już się skończyło"
„Co ja tu robię, tu gdzie nie ma nic".*

*Różnica stroju — tak, tej bądźmy pewni.
Szczegół
jest niewzruszony.*

Decapitação

Decote vem de *decollo*,
decollo significa corto o pescoço.
A rainha da Escócia Maria Stuart
chegou ao patíbulo numa veste apropriada,
a veste era decotada
e vermelha como uma hemorragia.

No mesmo momento
num quarto apartado
Elizabeth Tudor, rainha da Inglaterra,
estava à janela num vestido branco.
O vestido vitoriosamente abotoado até o queixo
terminando num rufo engomado.

Pensavam em coro:
"Deus, tende piedade de mim"
"A razão está comigo"
"Viver é atrapalhar"
"Em certas situações a coruja é filha do padeiro"
"Isso nunca vai acabar"
"Isso já acabou"
"O que faço aqui, não tem nada aqui".

A diferença no traje — sim, dessa tenhamos certeza.
O detalhe
é inabalável.

Pietà

W miasteczku, gdzie urodził się bohater,
obejrzeć pomnik, pochwalić, że duży,
spłoszyć dwie kury z progu pustego muzeum,
dowiedzieć się, gdzie mieszka matka,
zapukać, pchnąć skrzypiące drzwi.
Trzyma się prosto, czesze gładko, patrzy jasno.
Powiedzieć, że się przyjechało z Polski.
Pozdrowić. Pytać głośno i wyraźnie.
Tak, bardzo go kochała. Tak, zawsze był taki.
Tak, stała wtedy pod murem więzienia.
Tak, słyszała tę salwę.
Żałować, że nie wzięło się magnetofonu
i aparatu filmowego. Tak, zna te przyrządy.
W radiu czytała jego list ostatni.
W telewizji śpiewała stare kołysanki.
Raz nawet przedstawiała w kinie, aż do łez
wpatrzona w jupitery. Tak, wzrusza ją pamięć.
Tak, trochę jest zmęczona. Tak, to przejdzie.
Wstać. Podziękować. Pożegnać się. Wyjść
mijając w sieni kolejnych turystów.

Pietà

Na cidadezinha onde nasceu o herói,
olhar o monumento, elogiar o tamanho,
enxotar duas galinhas da soleira do museu deserto,
descobrir onde mora a mãe,
bater, empurrar a porta rangente.
Tem porte ereto, cabelo liso, olhar claro.
Dizer que se veio da Polônia.
Cumprimentar. Perguntar com voz alta e clara.
Sim, amava-o muito. Sim, sempre foi assim.
Sim, estava então rente ao muro da prisão.
Sim, ouviu a salva de tiros.
Lamentar não ter trazido um gravador
e uma filmadora. Sim, conhece esses aparelhos.
Leu na rádio a sua última carta.
Cantou na TV velhas canções de ninar.
Uma vez até atuou num filme, em lágrimas,
devido aos refletores. Sim, a lembrança a comove.
Sim, está um pouco cansada. Sim, vai passar.
Levantar. Agradecer. Se despedir. Sair
cruzando com os próximos turistas no saguão.

Niewinność

Poczęta na materacu z ludzkich włosów.
Gerda. Eryka. Margareta.
Nie wie, naprawdę nie wie o tym nic.
Ten rodzaj wiadomości nie nadaje się
ani do udzielenia, ani do przyjęcia.
Greckie Erynie są zbyt sprawiedliwe.
Drażniłaby nas dzisiaj ich ptasia przesada.

Irma. Brygida. Może Fryderyka.
Ma lat dwadzieścia dwa albo niewiele więcej.
Zna trzy języki obce konieczne w podróżach.
Firma, w której pracuje, poleca na eksport
najlepsze materace tylko z włókien sztucznych.
Eksport zbliża narody.

Berta. Ulryka. Może Hildegarda.
Piękna nie, ale wysoka i szczupła.
Policzki, szyja, piersi, uda, brzuch
w pełnym właśnie rozkwicie i blasku nowości.
Radośnie bosa na plażach Europy
rozpuszcza jasne włosy, długie aż do kolan.

Nie radzę ścinać — powiedział jej fryzjer —
raz ścięte, już tak bujnie nie odrosną nigdy.
Proszę mi wierzyć.
To jest rzecz sprawdzona
tausend — und tausendmal.

Inocência

Concebida num colchão de cabelo humano.
Gerda. Erika. Margareta.
Nada sabe, de verdade, nada sabe sobre isso.
Esse tipo de notícia não é adequado
para ser transmitido nem recebido.
As Erínias gregas são demasiado justas.
Hoje nos irritaria o seu alado exagero.

Irma. Brígida. Talvez Frederika.
Tem vinte e dois anos ou pouco mais.
Sabe três línguas estrangeiras necessárias nas viagens.
A firma onde trabalha recomenda exportar
os melhores colchões, só de fibras sintéticas.
A exportação aproxima as nações.

Berta. Ulrika. Talvez Hildegard.
Bela não é, mas alta e magra.
Bochechas, colo, busto, quadris, ventre
ora em pleno viço e esplendor do novo.
Alegremente descalça nas praias da Europa
solta o cabelo claro, comprido até o joelho.

Não aconselho cortar — disse o cabeleireiro —
uma vez cortado, não vai voltar a crescer tão viçoso.
Acredite.
É fato comprovado
tausend — und tausendmal.

Film — lata sześćdziesiąte

Ten dorosły mężczyzna. Ten człowiek na ziemi.
Dziesięć miliardów komórek nerwowych.
Pięć litrów krwi na trzysta gramów serca.
Taki przedmiot powstawał trzy miliardy lat.

Z początku zjawił się w formie chłopczyka.
Chłopczyk kładł główkę na kolanach cioci.
Gdzie jest ten chłopczyk. Gdzie są te kolana.
Chłopczyk zrobił się duży. Ach to już nie to.
Te lustra są okrutne i gładkie jak jezdnia.
Wczoraj przejechał kota. Tak, to była myśl.
Kot został wyzwolony z piekła tej epoki.
Dziewczyna w samochodzie spojrzała spod rzęs.
Nie, nie miała tych kolan, o które mu chodzi.
Właściwie to by sobie dyszał leżąc w piasku.
On i świat nic nie mają ze sobą wspólnego.
Czuje się uchem urwanym od dzbana,
Choć dzban nic o tym nie wie i wciąż nosi wodę.
To jest zdumiewające. Ktoś jeszcze się trudzi.
Ten dom jest zbudowany. Ta klamka rzeźbiona.
To drzewo zaszczepione. Ten cyrk będzie grał.
Ta całość chce sie trzymać chociaż jest z kawałków.
Jak klej ciężkie i gęste sunt lacrimae rerum.
Ale to wszystko w tle i tylko obok.
W nim jest ciemnośc okropna a w ciemności chłopczyk.

Boże humoru, zrób z nim coś koniecznie.
Boże humoru, zrób z nim coś nareszcie.

Filme — anos sessenta

Este homem adulto. Este homem na terra.
Dez bilhões de células nervosas.
Cinco litros de sangue para trezentos gramas de coração.
Esse objeto se desenvolveu por três bilhões de anos.

No princípio apareceu na forma de um garotinho.
O garotinho colocava a cabeça nos joelhos da titia.
Onde está esse garotinho. Onde, esses joelhos.
O garotinho cresceu. Ah, já não é a mesma coisa.
Estes espelhos são cruéis e lisos como asfalto.
Ontem atropelou um gato. Esta sim foi uma ideia.
O gato foi libertado do inferno desta época.
A moça no automóvel lhe lançou um olhar.
Não, não tinha aqueles joelhos que ele buscava.
Na verdade, queria era respirar fundo deitado na areia.
Ele e o mundo nada têm em comum.
Sente-se a asa quebrada de um jarro,
embora o jarro não saiba disso e continue a levar a água.
É extraordinário. Alguém ainda labuta.
Esta casa está construída. Esta maçaneta, esculpida.
Esta árvore, enxertada. Este circo vai fazer seu show.
O todo almeja se manter inteiro embora esteja em pedaços.
Como cola, pesadas e espessas *sunt lacrimae rerum*.
Mas tudo isso ao fundo e só ao lado.
Nele há uma escuridão terrível e na escuridão um garotinho.

Deus do humor, faz dele alguma coisa sem falta.
Deus do humor, faz dele alguma coisa por fim.

Tomasz Mann

Drogie syreny, tak musiało być,
kochane fauny, wielmożne anioły,
ewolucja stanowczo wyparła się was.
Nie brak jej wyobraźni, ale wy i wasze
płetwy z głębi dewonu a piersi z aluwium,
wasze dłonie palczaste a u nóg kopytka,
te ramiona nie zamiast ale oprócz skrzydeł,
te wasze, strach pomyśleć, szkieletki- dwutworki
nie w porę ogoniaste, rogate z przekory
albo na gapę ptasie, te zlepki te zrostki,
te składanki-cacanki, te dystychy
rymujące człowieka z czaplą tak kunsztownie,
że fruwa i nieśmiertelny jest i wszystko wie
— przyznacie chyba same, że byłby to żart
i nadmiar wiekuisty, i kłopoty,
których przyroda mieć nie chce i nie ma.

Dobrze, że choć pozwala pewnej rybie latać
z wyzywającą wprawą. Każdy taki wzlot
to pociecha w regule, to ułaskawienie
z powszechnej konieczności, dar
hojniejszy niż potrzeba, żeby świat był światem.

Dobrze, że choć dopuszcza do scen tak zbytkownych,
jak dziobak mlekiem karmiący pisklęta.
Mogłaby się sprzeciwić — i któż by z nas odkrył,
że jest obrabowany?

Thomas Mann

Caras sereias, assim tinha que ser,
amados faunos, ilustríssimos anjos,
a evolução definitivamente os renegou.
Não lhe falta imaginação, mas vocês e suas
barbatanas do devoniano e peitos do holoceno,
suas palmas digitiformes e cascos nos pés,
seus braços não em vez de, mas além de asas,
esses seus esqueletos, deus nos guarde, difiléticos,
com caudas fora de hora, chifres por despeito,
bicos surrupiados de pássaros, essas misturas, aglutinações,
esses mistifórios finórios, esses dísticos,
rimando gente com garça com tal mestria
que voa, é imortal e tudo sabe
— vocês devem admitir que seria uma piada
eternos excessos e chateações
que a natureza não quer ter e não tem.

Já é bom ela permitir a certo peixe voar
com desafiadora perícia. Cada voo desse
é um consolo na norma, uma anistia
da necessidade universal, um dom maior
que o necessário para que o mundo seja mundo.

Já é bom ela permitir cenas tão faustosas
como um ornitorrinco amamentando os filhotes.
Poderia se opor — e quem de nós descobriria
que foi roubado?

*A najlepsze to,
że przeoczyła moment, kiedy pojawił się ssak
z cudownie upierzoną watermanem ręką.*

                              Mas o melhor é que
lhe escapou o instante em que surgiu um mamífero
com a mão prodigiosamente emplumada com uma Waterman.

TODO O CASO

Pomyłka

Rozdzwonił się telefon w galerii obrazów,
rozdzwonił się przez pustą salę o północy;
śpiących, gdyby tu byli, zbudziłby od razu,
ale tu sami tylko bezsenni prorocy,
sami tylko królowie od księżyca blednąc
i z tchem zapartym patrzą we wszystko im jedno,
a ruchliwa z pozoru małżonka lichwiarza
akurat w ten dzwoniący przedmiot na kominku,
ale nie, nie odkłada swojego wachlarza,
jak inni pochwycona tkwi na nieuczynku.
Wyniośle nieobecni, w szatach albo nago,
zbywają nocny alarm z nieuwagą,
w której więcej, przysięgam, czarnego humoru,
niż gdyby z ramy zstąpił sam marszałek dworu
(nic zresztą oprócz ciszy w uszach mu nie dzwoni),
A to że ktoś tam w mieście już od dłuższej chwili
trzyma naiwnie słuchawkę przy skroni
nakręciwszy zły numer? Żyje, więc się myli.

Engano

Soou o telefone na galeria de arte,
soou à meia-noite na sala quieta;
se houvesse gente dormindo, acordaria na certa,
mas aqui há somente insones profetas,
somente reis empalidecem de luar
e olham indiferentes o que há para olhar,
e a mulher do usurário, agitada na aparência,
fita justo essa coisa sonante na lareira,
mas não, não larga o seu leque,
como os outros aferrada à sua inércia.
Altivamente ausentes, em ricas vestes ou nus,
tratam o alarme noturno com indiferença,
na qual, juro, há mais negro humor
do que se da moldura saltasse o próprio mordomo-mor
(nada além do silêncio, aliás, lhe soa ao ouvido).
E o fato de que alguém na cidade, há longos instantes, se afana
segurando ingenuamente o receptor
tendo discado um número errado? Ele vive, logo se engana.

Listy umarłych

Czytamy listy umarłych jak bezradni bogowie,
ale jednak bogowie, bo znamy późniejsze daty.
Wiemy, które pieniądze nie zostały oddane.
Za kogo prędko za mąż powychodziły wdowy.
Biedni umarli, zaślepieni umarli,
oszukiwani, omylni, niezgrabnie zapobiegliwi.
Widzimy miny i znaki robione za ich plecami.
Łowimy uchem szelest dartych testamentów.
Siedzą przed nami śmieszni jak na bułkach z masłem,
albo rzucają się w pogoń za zwianymi z głów kapeluszami.
Ich zły gust, Napoleon, para i elektryczność,
ich zabójcze kuracje na uleczalne choroby,
niemądra apokalipsa według świętego Jana,
fałszywy raj na ziemi według Jana Jakuba...
Obserwujemy w milczeniu ich pionki na szachownicy,
tyle że przesunięte o trzy pola dalej.
Wszystko, co przewidzieli, wypadło zupełnie inaczej,
albo trochę inaczej, czyli także zupełnie inaczej.
Najgorliwsi wpatrują się nam ufnie w oczy,
bo wyszło im z rachunku, że ujrzą w nich doskonałość.

As cartas dos mortos

Lemos as cartas dos mortos como deuses impotentes,
mas deuses assim mesmo, porque conhecemos as datas
[posteriores.
Sabemos quais dívidas não foram pagas.
Com quem as viúvas rapidamente se casaram.
Pobres mortos, mortos cegos,
enganados, falíveis, canhestramente previdentes.
Vemos as caretas e os sinais feitos pelas costas.
Capturamos o som de testamentos sendo rasgados.
Sentados comicamente diante de nós como no pão com
[manteiga,
ou correndo atrás do chapéu que o vento lhes arrancou da
[cabeça.
Seu mau gosto, Napoleão, vapor e eletricidade,
seus remédios mortíferos para doenças curáveis,
seu tolo apocalipse segundo são João,
o falso paraíso na terra segundo Jean-Jacques...
Observamos em silêncio seus peões no tabuleiro,
só que movidos três casas à frente.
Tudo que previam aconteceu de modo totalmente diverso,
ou um pouco diverso, que é o mesmo que totalmente diverso.
Os mais fervorosos nos fitam nos olhos com confiança
porque, segundo suas contas, verão neles a perfeição.

Autotomia

W niebezpieczeństwie strzykwa dzieli się na dwoje:
jedną siebie oddaje na pożarcie światu,
drugą sobą ucieka.

Rozpada się gwałtownie na zgubę i ratunek,
na grzywnę i nagrodę, na co było i będzie.

W połowie ciała strzykwy roztwiera się przepaść
o dwóch natychmiast obcych sobie brzegach.

Na jednym brzegu śmierć, na drugim życie.
Tu rozpacz, tam otucha.

Jeśli istnieje waga, szale się nie chwieją.
Jeśli jest sprawiedliwość, oto ona.

Umrzeć ile konieczne, nie przebrawszy miary.
Odrosnąć ile trzeba z ocalonej reszty.

Potrafimy się dzielić, och prawda, my także.
Ale tylko na ciało i urwany szept.
Na ciało i poezję.

Po jednej stronie gardło, śmiech po drugiej,
lekki, szybko milknący.

Autotomia

Em perigo, a holotúria se divide em duas:
com uma metade se entrega à voracidade do mundo,
com a outra foge.

Desintegra-se violentamente em ruína e salvação,
em multa e prêmio, no que foi e no que será.

No meio do corpo da holotúria se abre um abismo
com duas margens subitamente estranhas.

Em uma margem a morte, na outra a vida.
Aqui o desespero, lá o alento.

Se existe uma balança, os pratos não oscilam.
Se existe justiça, é esta.

Morrer só o necessário, sem exceder a medida.
Regenerar quanto for preciso da parte que restou.

Também nós, é verdade, sabemos nos dividir.
Mas somente em corpo e sussurro interrompido.
Em corpo e poesia.

De um lado a garganta, do outro o riso,
leve, logo sufocado.

Tu ciężkie serce, tam non omnis moriar,
trzy tylko słówka jak trzy piórka wzlotu.

Przepaść nas nie przecina.
Przepaść nas otacza.

Pamięci Haliny Poświatowskiej

Aqui o coração pesado, lá *non omnis moriar*,
três palavrinhas apenas como três penas em voo.

O abismo não nos divide.
O abismo nos circunda.

In memoriam Halina Poświatowska

Miłość szczęśliwa

*Miłość szczęśliwa. Czy to jest normalne,
czy to poważne, czy to pożyteczne —
co świat ma z dwojga ludzi,
którzy nie widzą świata?*

*Wywyższeni ku sobie bez żadnej zasługi,
pierwsi lepsi z miliona, ale przekonani,
że tak stać się musiało — w nagrodę za co? za nic;
światło pada znikąd —
dlaczego właśnie na tych, a nie innych?
Czy to obraża sprawiedliwość? Tak.
Czy narusza troskliwie piętrzone zasady,
strąca ze szczytu morał? Narusza i strąca.*

*Spójrzcie na tych szczęśliwych:
gdyby się chociaż maskowali trochę,
udawali zgnębienie krzepiąc tym przyjaciół!
Słuchajcie, jak się śmieją — obraźliwie.
Jakim językiem mówią — zrozumiałym na pozór.
A te ich ceremonie, ceregiele,
wymyślne obowiązki względem siebie —
wygląda to na zmowę za plecami ludzkości!*

*Trudno nawet przewidzieć, do czego by doszło,
gdyby ich przykład dał się naśladować.
Na co liczyć by mogły religie, poezje,*

Um amor feliz

Um amor feliz. Isso é normal,
isso é sério, isso é útil?
O que o mundo ganha com dois seres
que não veem o mundo?

Enaltecidos um para o outro sem nenhum mérito,
os primeiros quaisquer de milhões, mas convencidos
que assim devia ser — como prêmio de quê? De nada;
a luz cai de lugar nenhum —
por que justo nesses e não noutros?
Isso ofende a justiça? Sim.
Isso infringe os princípios cuidadosamente acumulados?
Derruba do cume a moral? Infringe e derruba, sim.

Observem estes felizardos:
se ao menos disfarçassem um pouco,
fingissem depressão, confortando assim os amigos!
Escutem como riem — é um insulto.
Em que língua falam — só entendi na aparência.
E esses seus rituais, cerimônias,
elaborados deveres recíprocos —
parece um complô contra a humanidade!

É difícil até imaginar onde se iria parar,
se seu exemplo fosse imitado.
Com que poderiam contar a religião, a poesia,

o czym by pamiętano, czego zaniechano,
kto by chciał zostać w kręgu.

Miłość szczęśliwa. Czy to jest konieczne?
Takt i rozsądek każą milczeć o niej
jak o skandalu z wysokich sfer Życia.
Wspaniałe dziatki rodzą się bez jej pomocy.
Przenigdy nie zdołałaby zaludnić ziemi,
zdarza się przecież rzadko.

Niech ludzie nieznający miłości szczęśliwej
twierdzą, że nigdzie nie ma miłości szczęśliwej.

Z tą wiarą lżej im będzie i żyć, i umierać.

o que seria lembrado, o que, abandonado,
quem quereria ficar dentro do círculo?

Um amor feliz. Isso é necessário?
O tato e a razão nos mandam silenciar sobre ele
como sobre um escândalo das altas esferas da Vida.
Crianças perfeitas nascem sem sua ajuda.
Nunca conseguiria povoar a terra,
pois raramente acontece.

Os que não conhecem o amor feliz que afirmem
não existir em lugar nenhum um amor feliz.

Com essa crença lhes será mais leve viver e morrer.

UM GRANDE NÚMERO

Psalm

O, jakże są nieszczelne granice państw!
Ile to chmur nad nimi bezkarnie przepływa,
ile piasków pustynnych przesypuje się z kraju do kraju,
ile górskich kamyków stacza się w cudze włości
w wyzywających podskokach!

Czy muszę tu wymieniać ptaka za ptakiem jak leci,
albo jak właśnie przysiada na opuszczonym szlabanie?
Niechby to nawet był wróbel — a już ma ogon ościenny,
choć dzióbek jeszcze tutejszy. W dodatku ależ się wierci!

Z nieprzeliczonych owadów poprzestanę na mrówce,
która pomiędzy lewym a prawym butem strażnika
na pytanie: skąd dokąd — nie poczuwa się do odpowiedzi.

Och, zobaczyć dokładnie cały ten nieład naraz,
na wszystkich kontynentach!
Bo czy to nie liguster z przeciwnego brzegu
przemyca poprzez rzekę stutysięczny listek?
Bo kto, jeśli nie mątwa zuchwale długoramienna,
narusza świętą strefę wód terytorialnych?

Czy można w ogóle mówić o jakim takim porządku,
jeżeli nawet gwiazd nie da się porozsuwać
żeby było wiadomo, która komu świeci?

Salmo

Oh, como são permeáveis as fronteiras dos países!
Quantas nuvens flutuam impunemente sobre elas,
quanta areia do deserto passa de um país a outro,
quantas pedras da montanha rolam para terras alheias
com saltos desafiadores.

Devo mencionar um a um cada pássaro que voa
ou que pousa na barreira abaixada da fronteira?
Se fosse um pardal — a cauda já estaria no exterior
e o bico ainda na pátria. E além do mais, como se agita!

Entre os inúmeros insetos, me limitarei à formiga
que entre a bota esquerda e a direita do guarda
não se sente obrigada a responder à pergunta
                    [de onde? para onde?

Oh, abranger com um único olhar essa confusão
sobre todos os continentes!
Pois não é a alfena da outra margem que
contrabandeia pelo rio sua centésima-milésima folha?
E quem, senão o polvo de longos braços impertinentes,
viola os limites sagrados das águas territoriais?

E como se pode falar de uma ordem qualquer,
se nem dá para separar as estrelas
para saber qual brilha para quem?

I jeszcze to naganne rozpościeranie się mgły!
I pylenie się stepu na całej przestrzeni,
jak gdyby nie był wcale w pół przecięty!
I rozleganie się głosów na usłużnych falach powietrza:
Przywoływawczych pisków i znaczących bulgotów!

Tylko co ludzkie potrafi być prawdziwie obce.
Reszta to lasy mieszane, krecia robota i wiatr.

E esse condenável dispersar da neblina!
E o pó que pousa sobre toda a estepe,
como se ela não estivesse dividida ao meio!
E o ressoar das vozes nas complacentes ondas do ar:
pipilos apelativos e gorgolejos sedutores!

Só o que é humano pode ser verdadeiramente estrangeiro.
O resto é bosque misto, trabalho de toupeira e vento.

Widziane z góry

Na polnej drodze leży martwy żuk.
Trzy pary nóżek złożył na brzuchu starannie.
Zamiast bezładu śmierci — schludność i porządek.
Groza tego widoku jest umiarkowana,
zakres ściśle lokalny od perzu do mięty.
Smutek się nie udziela.
Niebo jest błękitne.

Dla naszego spokoju, śmiercią jakby płytszą
nie umierają, ale zdychają zwierzęta
tracąc — chcemy w to wierzyć — mniej czucia i świata,
schodząc — jak nam sie wydaje — z mniej tragicznej sceny.
Ich potulne duszyczki nie straszą nas nocą,
szanują dystans,
wiedzą, co to mores.

I oto ten na drodze martwy żuk
w nieopłakanym stanie ku słonku połśniewa.
Wystarczy o nim tyle pomyśleć co spojrzeć:
wygląda, że nie stało mu się nic ważnego.
Ważne związane jest podobno z nami.
Na życie tylko nasze, naszą tylko śmierć,
śmierć, która wymuszonym cieszy się pierwszeństwem.

Visto do alto

Um besouro morto num caminho campestre.
Três pares de perninhas dobradas sobre o ventre.
Ao invés da desordem da morte — ordem e limpeza.
O horror da cena é moderado,
o âmbito estritamente local, da tiririca à menta.
A tristeza não se transmite.
O céu está azul.

Para nosso sossego, os animais não falecem,
morrem de uma morte por assim dizer mais rasa,
perdendo — queremos crer — menos sentimento e mundo,
partindo — assim nos parece — de uma cena menos trágica.
Suas alminhas dóceis não nos assombram à noite,
mantêm distância,
conhecem as boas maneiras.

E assim esse besouro morto no caminho,
não pranteado, brilha ao sol.
Basta pensar nele a duração de um olhar:
parece que nada de importante lhe aconteceu.
O importante supostamente tem a ver conosco.
Com a nossa vida somente, só com nossa morte,
uma morte que goza de forçada precedência.

Uśmiechy

Z większą nadzieją świat patrzy niż słucha.
Mężowie stanu muszą się uśmiechać.
Uśmiech oznacza, że nie trąca ducha.
Choć gra zawiła, interesy sprzeczne,
wynik niepewny — zawsze to pociecha,
gdy uzębienie białe i serdeczne.

Muszą życzliwe pokazywać czoło
na sali obrad i płycie lotniska.
Ruszać się żwawo, wyglądać wesoło.
Ów tego wita, ten owego żegna.
Twarz uśmiechnięta bardzo jest potrzebna
dla obiektywów i dla zbiegowiska.

Stomatologia w służbie dyplomacji
spektakularny gwarantuje skutek.
Kłów dobrej woli i siekaczy zgodnych
nie może braknąć w groźnej sytuacji.
Jeszcze nie mamy czasów tak pogodnych,
żeby na twarzach widniał zwykły smutek.

Ludzkość braterska, zdaniem marzycieli,
zamieni ziemię w krainę uśmiechu.
Wątpię. Mężowie stanu, dajmy na to,
uśmiechać by się tyle nie musieli.
Tylko czasami: że wiosna, że lato,
bez nerwowego skurczu i pośpiechu.

Sorrisos

Com mais esperança o mundo vê do que ouve.
Os estadistas precisam sorrir.
O sorriso significa que não perdem o ânimo.
Mesmo o jogo sendo complexo, os interesses, contrastantes,
o resultado, incerto — sempre consola
uma dentição branca e calorosa.

Precisam mostrar uma cara amigável
na pista do aeroporto e na sala de conferência.
Mover-se com energia, parecer alegres.
Para esse, um cumprimento, para aquele, um aceno.
Um rosto sorridente é muito necessário
para as objetivas e as multidões.

A odontologia a serviço da diplomacia
garante um resultado espetacular.
Caninos de boa vontade, incisivos aquiescentes
não podem faltar quando a situação pesa.
Nossos tempos ainda não são tão serenos
para que nos rostos se estampe uma tristeza comum.

A humanidade fraterna, segundo os sonhadores,
transformará a terra no país do sorriso.
Duvido. Os estadistas, neste caso,
não precisariam sorrir o dia inteiro.
Só às vezes: porque é primavera, porque é verão,
sem tensão nervosa e sem pressa.

*Istota ludzka smutna jest z natury.
Na taką czekam i cieszę się z góry.*

A essência humana é triste por natureza.
Por ela espero e desde já me alegro.

Pochwała siostry

Moja siostra nie pisze wierszy
i chyba już nie zacznie pisać wierszy.
Ma to po matce, która nie pisała wierszy,
oraz po ojcu, który też nie pisał wierszy.
Pod dachem mojej siostry czuję się bezpieczna:
mąż siostry za nic w świecie nie pisałby wierszy.
I choć to brzmi jak utwór Adama Macedońskiego,
nikt z krewnych nie zajmuje się pisaniem wierszy.

W szufladach mojej siostry nie ma dawnych wierszy
ani w torebce napisanych świeżo.
A kiedy moja siostra zaprasza na obiad,
to wiem, że nie w zamiarze czytania mi wierszy.
Jej zupy są wyborne bez premedytacji,
a kawa nie rozlewa się na rękopisy.

W wielu rodzinach nikt nie pisze wierszy,
ale jak już — to rzadko jedna tylko osoba.
Czasem poezja spływa kaskadami pokoleń,
co stwarza groźne wiry w uczuciach wzajemnych.

Moja siostra uprawia niezłą prozę mówioną,
a całe jej pisarstwo to widokówki z urlopu,
z tekstem obiecującym to samo każdego roku:
że jak wróci,
to wszystko
wszystko
wszystko opowie.

Elogio à irmã

Minha irmã não escreve poemas
e acho que nem vai de repente começar a escrever poemas.
Puxou isso da nossa mãe, que não escrevia poemas,
e do nosso pai, que também não escrevia poemas.
Sob o teto de minha irmã me sinto segura:
o marido de minha irmã por nada no mundo escreveria poemas.
E embora isso soe repetitivo como uma litania,
nenhum dos nossos parentes se ocupa em escrever poemas.

Nas gavetas de minha irmã não existem poemas antigos,
nem na sua bolsa, poemas recém-escritos.
E quando minha irmã me convida para almoçar,
sei que não tenciona ler poemas para mim.
Faz sopas deliciosas sem premeditação.
E não derrama café sobre manuscritos.

Em muitas famílias ninguém escreve poemas,
mas se isso acontece — é raro ficar numa só pessoa.
Às vezes a poesia desce em cascatas pelas gerações,
criando turbilhões perigosos nos sentimentos mútuos.

Minha irmã pratica uma razoável prosa falada,
e toda a sua obra se limita a postais escritos nas férias,
cujo texto promete o mesmo todo ano:
que ao voltar
tudo
tudo
tudinho ela vai contar.

Liczba Pi

Podziwu godna liczba Pi
trzy koma jeden cztery jeden.
Wszystkie jej dalsze cyfry też są początkowe,
pięć dziewięć dwa, *ponieważ nigdy się nie kończy.*
Nie pozwala się objąć sześć pięć trzy pięć *spojrzeniem*
osiem dziewięć *obliczeniem*
siedem dziewięć *wyobraźnią,*
a nawet trzy dwa trzy osiem *żartem, czyli porównaniem*
cztery sześć *do czegokolwiek*
dwa sześć cztery trzy *na świecie.*
Najdłuższy ziemski wąż po kilkunastu metrach się urywa.
Podobnie, choć trochę później, czynią węże bajeczne.
Korowód cyfr składających się na liczbę Pi
nie zatrzymuje się na brzegu kartki,
potrafi ciągnąć się po stole, przez powietrze,
przez mur, liść, gniazdo ptasie, chmury, prosto w niebo,
przez całą nieba wzdętość i bezdenność.
O jak krótki, wprost mysi, jest warkocz komety!
Jak wątły promień gwiazdy, że zakrzywia się w lada przestrzeni!
A tu dwa trzy piętnaście trzysta dziewiętnaście
mój numer telefonu twój numer koszuli
rok tysiąc dziewięćset siedemdziesiąty trzeci szóste piętro
ilość mieszkanców sześćdziesiąt pięć groszy
obwód w biodrach dwa palce *szarada i szyfr,*
w którym słowiczku mój a leć, a piej
oraz uprasza się zachować spokój,
a także ziemia i niebo przeminą,

Número Pi

O admirável número Pi
três vírgula um quatro um.
Todos os seus algarismos sucessivos também são iniciais,
cinco nove dois porque não acaba nunca.
Não se deixa abranger *seis cinco três cinco* pelo olhar
oito nove pelo cálculo
sete nove pela imaginação,
e nem *três dois três oito* numa piada, ou seja, na comparação
quatro seis com qualquer coisa
dois seis quatro três no mundo.
A cobra mais comprida da terra acaba depois de alguns metros.
O mesmo, embora um pouco depois, fazem as cobras das fábulas.
O desfile de algarismos que compõem o número Pi
não para na margem da página,
consegue estender-se pela mesa, pelo ar,
pelo muro, folha, ninho de pássaro, nuvens, direto para o céu,
por toda a extensão e profundeza do céu.
Oh, como é curto, que nem de rato, o rabo de um cometa!
Como é tênue o raio de uma estrela, que se curva a cada espaço!
E aqui *dois três quinze trinta dezenove*
o número do meu telefone o tamanho da tua camisa
o ano de mil novecentos e setenta e três o sexto andar
o número de habitantes sessenta e cinco centavos
a medida dos quadris dois dedos charada e cifra,
na qual *voa e canta rouxinol meu,*
e mais *pede-se manter a calma,*
e também *o céu e a terra passarão,*

ale nie liczba Pi, co to to nie,
ona wciąż swoje niezłe jeszcze pięć
nie byle jakiem osiem,
nieostatnie siedem,
przynaglając ach, przynaglając gnuśną wieczność
do trwania.

mas não o número Pi, esse não, nada disso,
ele ainda está aí com seu passável *cinco*,
um nada mau *oito*,
um não último *sete*,
incitando, ah, incitando a indolente eternidade
a durar.

GENTE NA PONTE

Trema

Poeci i pisarze.
Tak się przecież mówi.
Czyli poeci nie pisarze, tylko kto —

Poeci to poezja, pisarze to proza —

W prozie może być wszystko, również i poezja,
ale w poezji musi być tylko poezja —

Zgodnie z afiszem, który ją ogłasza
przez duże, z secesyjnym zawijasem P,
wpisane w struny uskrzydlonej liry,
powinnam raczej wefrunąć niż wejść —

I czy nie lepiej boso,
niż w tych butach z Chełmka
tupiąc, skrzypiąc
w niezdarnym zastępstwie anioła —

Gdyby chociaż ta suknia dłuższa, powłóczystsza,
a wiersze nie z torebki, ale wprost z rękawa,
od święta, od parady, od wielkiego dzwonu,
od bim do bum,
ab ab ba —

Medo do palco

Poetas e escritores.
É assim que se diz.
Logo, poetas não são escritores, então o quê —

Os poetas são poesia, os escritores são prosa —

Na prosa pode caber tudo, inclusive a poesia,
mas na poesia deve haver só poesia —

De acordo com o cartaz que a anuncia
com o floreio art nouveau de um P maiúsculo,
inscrito nas cordas de uma lira alada,
eu deveria entrar voando, não andando —

E não estaria melhor descalça
do que com esse sapato comum
batendo o salto, rangendo,
desajeitado substituto de um anjo? —

Se ao menos o vestido fosse mais longo, esvoaçante,
e os versos saíssem não da bolsa, mas da manga,
e versassem sobre a festa, o desfile, o sino solene,
dim dom
ab ab ba —

A tam na podium czyha już stoliczek
spirytystyczny jakiś, na złoconych nóżkach,
a na stoliczku kopci się lichtarzyk —

Z czego wniosek,
że będę musiała przy świecach
czytać to, co pisałam przy zwykłej żarówce
stuk stuk stuk na maszynie —

Nie martwiąc się zawczasu,
czy to jest poezja
i jaka to poezja —

Czy taka, w której proza widziana jest źle —
Czy taka, która dobrze jest widziana w prozie —

I co w tym za różnica,
wyraźna już tylko w półmroku,
na tle kurtyny bordo
z fioletowymi frędzlami?

Mas lá no pódio já espreita uma mesinha,
meio de sessão espírita, com pés dourados,
e na mesinha esfumaça um castiçal —

De onde deduzo
que terei que ler à luz de velas
o que escrevi à luz de uma lâmpada comum
tac tac tac na máquina —

Sem me preocupar antes do tempo
se isto é poesia
e que poesia —

Se aquela na qual a prosa é malvista —
Ou aquela que é bem-vista na prosa —

E que diferença é essa,
perceptível apenas na penumbra,
sobre o fundo de uma cortina bordô
com franjas violeta?

O śmierci bez przesady

Nie zna się na żartach,
na gwiazdach, na mostach,
na tkactwie, na górnictwie, na uprawie roli,
na budowie okrętów i pieczeniu ciasta.

W nasze rozmowy o planach na jutro
wtrąca swoje ostatnie słowo
nie na temat.

Nie umie nawet tego,
co bezpośrednio łączy się z jej fachem:
ani grobu wykopać,
ani trumny sklecić,
ani sprzątnąć po sobie.

Zajęta zabijaniem,
robi to niezdarnie,
bez systemu i wprawy.
Jakby na każdym z nas uczyła się dopiero.

Tryumfy tryumfami,
ale ileż klęsk,
ciosów chybionych
i prób podejmowanych od nowa!

Czasami brak jej siły,
żeby strącić muchę z powietrza.

Sobre a morte sem exagero

Não entende de piadas,
de estrelas, de pontes,
de tecer, minerar, lavrar a terra,
de construir navios e assar bolos.

Quando falamos de planos para amanhã
intromete sua última palavra
sem nada a ver com o assunto.

Não sabe sequer as coisas
diretamente ligadas ao seu ofício:
nem cavar uma cova,
nem fazer um caixão,
nem arrumar a desordem que deixa.

Ocupada em matar,
o faz de modo canhestro,
sem método nem mestria,
como se em cada um de nós estivesse aprendendo.

Triunfos, vá lá,
mas quantas derrotas,
golpes falhos
e tentativas repetidas de novo!

Às vezes lhe faltam forças
para fazer cair uma mosca do ar.

Z niejedną gąsienicą
przegrywa wyścig w pełzaniu.

Te wszystkie bulwy, strąki,
czułki, płetwy, tchawki,
pióra godowe i zimowa sierść
świadczą o zaległościach
w jej marudnej pracy.

Zła wola nie wystarcza
i nawet nasza pomoc w wojnach i przewrotach,
to, jak dotąd, za mało.

Serca stukają w jajkach.
Rosną szkielety niemowląt.
Nasiona dorabiają się dwóch pierwszych listków,
a często i wysokich drzew na horyzoncie.

Kto twierdzi, że jest wszechmocna,
sam jest żywym dowodem,
że wszechmocna nie jest.
Nie ma takiego życia,
które by choć przez chwilę
nie było nieśmiertelne.

Śmierć
zawsze o tę chwilę przybywa spóźniona.

Na próżno szarpie klamką
niewidzialnych drzwi.
Kto ile zdążył,
tego mu cofnąć nie może.

Mais de uma lagarta
rastejando a vence na corrida.

Todos esses bulbos, grãos,
tentáculos, barbatanas, traqueias,
plumagens nupciais e pelame de inverno
testemunham atrasos
no seu trabalho tedioso.

A má vontade não basta,
e mesmo nossa ajuda com guerras e revoluções
é, até aqui, insuficiente.

Corações batem nos ovos.
Crescem os esqueletos dos bebês.
Das sementes brotam duas primeiras folhinhas,
e amiúde também árvores altas no horizonte.

Quem afirma que ela é onipotente
é ele mesmo a prova viva
de que onipotente ela não é.
Não há vida
que pelo menos por um momento
não tenha sido imortal.

A morte
chega sempre atrasada àquele momento.

Em vão força a maçaneta
de uma porta invisível.
A ninguém pode subtrair
o tempo alcançado.

Dom wielkiego człowieka

Wypisano w marmurze złotymi zgłoskami:
Tu mieszkał i pracował, i zmarł wielki człowiek.
Te ścieżki osobiście posypywał żwirem.
Tę ławkę — nie dotykać — sam wykuł z kamienia.
I — uwaga — trzy schodki — wchodzimy do wnętrza.

Jeszcze w stosownym czasie zdążył przyjść na świat.
Wszystko, co miało mijać, minęło w tym domu.
Nie w blokach,
nie w metrażach umeblowanych a pustych,
wśród nieznanych sąsiadów,
na piętnastych piętrach,
dokąd trudno by było wlec wycieczki szkolne.

W tym pokoju rozmyślał,
w tej alkowie spał,
a tu przyjmował gości.
Portrety, fotel, biurko, fajka, globus, flet,
wydeptany dywanik, oszklona weranda.
Stąd wymieniał ukłony z krawcem albo szewcem,
co szyli mu na miarę.

To nie to samo, co fotografie w pudełkach,
zeschnięte długopisy w plastykowym kubku,
konfekcja z magazynu w szafie z magazynu,
okno, skąd lepiej widzi się chmury niż ludzi.

A casa de um grande homem

Escrito no mármore em letras douradas:
Aqui viveu e trabalhou e morreu um grande homem.
Ele próprio espalhou o cascalho nestas veredas.
Este banco — não tocar — ele esculpiu na pedra.
E — atenção — três degraus — vamos entrar.

Conseguiu vir ao mundo num tempo ainda adequado.
Tudo que devia se passar se passou nesta casa.
Não em conjuntos residenciais,
não em áreas mobiliadas mas vazias,
entre vizinhos desconhecidos,
em décimos quintos andares
para onde seria difícil conduzir excursões escolares.

Neste quarto meditava,
nesta alcova dormia
e aqui recebia as visitas.
Retratos, poltrona, escrivaninha, cachimbo, globo, flauta,
tapete gasto, varanda envidraçada.
Aqui trocava reverências com o alfaiate e o sapateiro
que costuravam sob medida para ele.

Não é a mesma coisa que fotografias em caixas,
canetas com tinta seca em canecas de plástico,
roupas em série nos armários de série,
janela da qual se veem melhor nuvens do que pessoas.

Szczęśliwy? Nieszczęśliwy?
Nie o to tu chodzi.
Jeszcze zwierzał się w listach,
bez myśli, że po drodze zostaną otwarte.

Prowadził jeszcze dziennik dokładny i szczery,
bez lęku, że go straci przy rewizji.
Najbardziej niepokoił go przelot komety.
Zagłada świata była tylko w rękach Boga.

Udało mu się umrzeć jeszcze nie w szpitalu,
za białym parawanem nie wiadomo którym.
Był jeszcze przy nim ktoś, kto zapamiętał
wymamrotane słowa.

Jakby przypadło mu w udziale życie
wielokrotnego użytku:
książki słał do oprawy,
nie wykreślał z notesu nazwisk osób zmarłych.
A drzewa, które sadził w ogrodzie za domem,
rosły mu jeszcze jako juglans regia
i quercus rubra *i* ulmus *i* larix
i fraxinus excelsior.

Feliz? Infeliz?
Não se trata disso.
Ainda fazia confidências nas cartas,
sem pensar que no trajeto seriam abertas.

Mantinha também um diário preciso e sincero,
sem temor de vê-lo confiscado numa revista.
Mais que tudo o inquietava o passar de um cometa.
O fim do mundo estava só nas mãos de Deus.

Teve ainda a sorte de não morrer num hospital,
atrás de uma divisória branca qualquer.
Junto a ele havia alguém que memorizou
as palavras balbuciadas.

Como se lhe tivesse sido dada
uma vida muitas vezes reutilizável:
mandava recapar os livros,
não apagava da agenda os nomes dos mortos.
E as árvores que plantou no jardim da casa
cresciam-lhe ainda como *juglans regia*
e *quercus rubra* e *ulmus* e *larix*
e *fraxinus excelsior*.

Jarmark cudów

Cud pospolity:
to, że dzieje się wiele cudów pospolitych.

Cud zwykły:
w ciszy nocnej szczekanie
niewidzialnych psów.

Cud jeden z wielu:
chmurka zwiewna i mała,
a potrafi zasłonić duży ciężki księżyc.

Kilka cudów w jednym:
olcha w wodzie odbita
i to, że odwrócona ze strony lewej na prawą,
i to, że rośnie tam koroną w dół
i wcale dna nie sięga,
choć woda jest płytka.

Cud na porządku dziennym:
wiatry dość słabe i umiarkowane,
w czasie burz porywiste.

Cud pierwszy lepszy:
krowy są krowami.

Feira dos milagres

Um milagre comum:
isso de acontecerem muitos milagres comuns.

Um milagre normal:
no silêncio da noite
o latido de cães invisíveis.

Um milagre entre tantos:
uma nuvenzinha etérea e pequena
que consegue ocultar a lua grande e pesada.

Vários milagres em um:
um amieiro refletido na água
estar virado da esquerda para a direita,
crescer ali com a copa para baixo
e não atingir nunca o fundo,
embora a água seja rasa.

Um milagre na ordem do dia:
vento leve a moderado,
tempestuoso nas tormentas.

Um primeiro milagre melhor:
as vacas são vacas.

Drugi nie gorszy:
ten a nie inny sad
z tej a nie innej pestki.

Cud bez czarnego fraka i cylindra:
rozfruwające się białe gołębie.

Cud, no bo jak to nazwać:
słońce dziś wzeszło o trzeciej czternaście
a zajdzie o dwudziestej zero jeden.

Cud, który nie tak dziwi, jak powinien:
palców u dłoni wprawdzie mniej niż sześć,
za to więcej niż cztery.

Cud, tylko się rozejrzeć:
wszechobecny świat.

Cud dodatkowy, jak dodatkowe jest wszystko?
co nie do pomyślenia
jest do pomyślenia.

Um outro não pior:
este e não outro pomar
desta e não outra semente.

Um milagre sem fraque nem cartola:
pombas brancas levantando voo.

Um milagre — pois como chamá-lo:
o sol hoje nasceu às três e catorze
e vai se pôr às vinte mais um minuto.

Um milagre que não causa tanto espanto quanto devia:
há na verdade menos de seis dedos na mão,
porém mais de quatro.

Um milagre, é só olhar em volta:
o mundo onipresente.

Um milagre extra, como extra é tudo:
o inimaginável
é imaginável.

FIM E COMEÇO

Niebo

Od tego trzeba było zacząć: niebo.
Okno bez parapetu, bez futryn, bez szyb.
Otwór i nic poza nim,
ale otwarty szeroko.

Nie muszę czekać na pogodną noc,
ani zadzierać głowy,
żeby przyjrzeć się niebu.
Niebo mam za plecami, pod ręką i na powiekach.
Niebo owija mnie szczelnie
i unosi od spodu.

Nawet najwyższe góry
nie są bliżej nieba
niż najgłębsze doliny.
Na żadnym miejscu nie ma go więcej
niż w innym.
Obłok równie bezwzględnie
przywalony jest niebem co grób.
Kret równie wniebowzięty
jak sowa chwiejąca skrzydłami.
Rzecz, która spada w przepaść,
spada z nieba w niebo.

Sypkie, płynne, skaliste,
rozpłomienione i lotne
połacie nieba, okruszyny nieba,

Céu

Daí se devia começar: o céu.
Janela sem parapeito, sem moldura, sem vidraça.
Uma abertura, nada além,
mas largamente aberta.

Não preciso aguardar uma noite serena
nem levantar a cabeça
para observar o céu.
Tenho o céu às costas, à mão e nas pálpebras.
O céu me envolve firmemente
e me eleva de baixo.

Nem as montanhas mais altas
estão mais próximas do céu
do que os vales mais profundos.
Não há mais dele num lugar
do que em outro.
Uma nuvem é tão implacavelmente
esmagada pelo céu quanto uma tumba.
A toupeira se eleva ao céu tanto
quanto a coruja de asas tremulantes.
Um objeto que caia no abismo
cairá do céu no céu.

Em pó, líquidos, rochosos,
em chamas e voláteis
pedaços de céu, migalhas de céu,

podmuchy nieba i sterty.
Niebo jest wszechobecne
nawet w ciemnościach pod skórą.

Zjadam niebo, wydalam niebo.
Jestem pułapką w pułapce,
zamieszkiwanym mieszkańcem,
obejmowanym objęciem,
pytaniem w odpowiedzi na pytanie.

Podział na ziemię i niebo
to nie jest właściwy sposób
myślenia o tej całości.
Pozwala tylko przeżyć
pod dokładniejszym adresem,
szybszym do znalezienia,
jeślibym była szukana.
Moje znaki szczególne
to zachwyt i rozpacz.

sopros e pilhas de céu.
O céu é onipresente
mesmo na escuridão sob a pele.

Devoro o céu, excreto o céu.
Sou uma armadilha numa armadilha,
um habitante habitado,
um abraço abraçado,
uma pergunta na resposta a uma pergunta.

A divisão entre o céu e a terra
não é um modo apropriado
de pensar essa totalidade.
Permite só sobreviver
num endereço mais preciso,
mais fácil de encontrar,
caso eu fosse procurada.
Meus sinais particulares
são o encantamento e o desespero.

Może być bez tytułu

Doszło do tego, że siedzę pod drzewem,
na brzegu rzeki,
w słoneczny poranek.
Jest to zdarzenie błahe
i do historii nie wejdzie.
To nie bitwy i pakty,
których motywy się bada,
ani godne pamięci zabójstwa tyranów.

A jednak siedzę nad rzeką, to fakt.
I skoro tutaj jestem,
musiałam skądś przyjść,
a przedtem
w wielu jeszcze miejscach się podziewać,
całkiem tak samo jak zdobywcy krain,
nim wstąpili na pokład.

Ma bujną przeszłość chwila nawet ulotna,
swój piątek przed sobotą,
swój przed czerwcem maj.
Ma swoje horyzonty równie rzeczywiste
jak w lornetce dowódców.

To drzewo to topola zakorzeniona od lat.
Rzeka to Raba nie od dziś płynąca.
Ścieżka nie od przedwczoraj
wydeptana w krzakach.

Pode ser sem título

Aconteceu de eu estar sentada sob uma árvore
na beira do rio,
numa manhã ensolarada.
É um acontecimento insignificante
e não entrará para a história.
Não é caso de batalhas e pactos,
cujas causas se pesquisam,
nem de tiranicídios dignos de memória.

E entretanto estou à beira do rio, é um fato.
E já que estou aqui
devo ter vindo de algum lugar,
e antes disso
devo ter aparecido em muitos outros,
exatamente como os conquistadores de terras
antes de subirem a bordo.

Mesmo o instante fugaz tem um passado fecundo,
sua sexta-feira antes do sábado,
seu maio antes de junho.
Tem seu horizonte não menos real
que no binóculo dos comandantes.

Esta árvore é um álamo enraizado há anos.
O rio é o Raba e não é de hoje que corre.
O caminho pelo mato
não é de anteontem que foi pisado.

Wiatr, żeby rozwiać chmury,
musiał je wcześniej tu przywiać.

I choć w pobliżu nic się wielkiego nie dzieje,
świat nie jest przez to uboższy w szczegóły,
gorzej uzasadniony, słabiej określony,
niż kiedy zagarniały go wędrówki ludów.

Nie tylko tajnym spiskom towarzyszy cisza.
Nie tylko koronacjom orszak przyczyn.
Potrafią być okrągłe nie tylko rocznice powstań,
ale i obchodzone kamyki na brzegu.

Zawiły jest i gęsty haft okoliczności.
Ścieg mrówki w trawie.
Trawa wszyta w ziemię.
Deseń fali, przez którą przewleka się patyk.

Tak się złożyło, że jestem i patrzę.
Nade mną biały motyl trzepoce w powietrzu
skrzydełkami, co tylko do niego należą
i przelatuje mi przez ręce cień,
nie inny, nie czyjkolwiek, tylko jego własny.

Na taki widok zawsze opuszcza mnie pewność,
że to co ważne
ważniejsze jest od nieważnego.

O vento, para dissipar as nuvens,
precisou antes trazê-las aqui.

E embora ao redor nada de grandioso aconteça,
o mundo não fica mais pobre em detalhes por isso,
menos justificado ou definido
do que quando o conquistaram as migrações de povos.

O silêncio não acompanha só as conspirações secretas.
Nem o cortejo de causas, só as coroações.
Podem ser redondos não só os aniversários de insurreições,
mas também os seixos que rolam na margem.

É denso e intricado o bordado das circunstâncias.
O ponto da formiga na grama.
A grama costurada à terra.
O desenho da onda que um pauzinho transpassa.

Aconteceu de eu estar e observar.
Acima de mim uma borboleta branca tremula no ar
as asas que só pertencem a ela
e passa sobre minhas mãos uma sombra,
não outra, não de outra qualquer, mas dela somente.

Diante de tal vista sempre me abandona a certeza
de que o importante
é mais importante do que o desimportante.

Nienawiść

Spójrzcie, jaka wciąż sprawna,
jak dobrze się trzyma
w naszym stuleciu nienawiść.
Jak lekko bierze wysokie przeszkody.
Jakie to łatwe dla niej — skoczyć, dopaść.

Nie jest jak inne uczucia.
Starsza i młodsza od nich równocześnie.
Sama rodzi przyczyny,
które ją budzą do życia.
Jeśli zasypia, to nigdy snem wiecznym.
Bezsenność nie odbiera jej sił, ale dodaje.

Religia, nie religia —
byle przyklęknąć na starcie.
Ojczyzna nie ojczyzna —
byle się zerwać do biegu.
Niezła i sprawiedliwość na początek.
Potem już pędzi sama.
Nienawiść. Nienawiść.
Twarz jej wykrzywia grymas
ekstazy miłosnej.

Ach, te inne uczucia —
cherlawe i ślamazarne.
Od kiedy to braterstwo
może liczyć na tłumy?

O ódio

Vejam como ainda é eficiente,
como se mantém em forma
o ódio no nosso século.
Com que leveza transpõe altos obstáculos.
Como lhe é fácil — saltar, ultrapassar.

Não é como os outros sentimentos
Ao mesmo tempo mais velho e mais novo que eles.
Ele próprio gera as causas
que lhe dão vida.
Se adormece, nunca é um sono eterno.
A insônia não lhe tira as forças; aumenta.

Religião, não religião —
contanto que se ajoelhe para a largada.
Pátria, não pátria —
contanto que se ponha a correr.
A justiça também não se sai mal no começo.
Depois ele já corre sozinho.
O ódio. O ódio.
Seu rosto num esgar
de êxtase amoroso.

Ah, estes outros sentimentos —
fracotes e molengas.
Desde quando a fraternidade
pode contar com a multidão?

Współczucie czy kiedykolwiek
pierwsze dobiło do mety?
Zwątpienie ilu chętnych porywa za sobą?
Porywa tylko ona, która swoje wie.

Zdolna, pojętna, bardzo pracowita.
Czy trzeba mówić ile ułożyła pieśni.
Ile stronic historii ponumerowała.
Ile dywanów z ludzi porozpościerała
na ilu placach, stadionach.

Nie okłamujmy się:
potrafi tworzyć piękno.
Wspaniałe są jej łuny czarną nocą.
Świetne kłęby wybuchów o różanym świcie.
Trudno odmówić patosu ruinom
i rubasznego humoru
krzepko sterczącej nad nimi kolumnie.

Jest mistrzynią kontrastu
między łoskotem a ciszą,
między czerwoną krwią a białym śniegiem.
A nade wszystko nigdy jej nie nudzi
motyw schludnego oprawcy
nad splugawioną ofiarą.

Do nowych zadań w każdej chwili gotowa.
Jeżeli musi poczekać, poczeka.
Mówią, że ślepa. Ślepa?
Ma bystre oczy snajpera
i śmiało patrzy w przyszłość
— ona jedna.

Alguma vez a compaixão
chegou primeiro à meta?
Quantos a dúvida arrasta consigo?
Só ele, que sabe o que faz, arrasta.

Capaz, esperto, muito trabalhador.
Será preciso dizer quantas canções compôs?
Quantas páginas da história numerou?
Quantos tapetes humanos estendeu
em quantas praças, estádios?

Não nos enganemos:
ele sabe criar a beleza.
São esplêndidos seus clarões na noite escura.
Fantásticos os novelos das explosões na aurora rosada.
Difícil negar o páthos das ruínas
e o humor tosco
da coluna que sobressai vigorosamente sobre elas.

É um mestre do contraste
entre o estrondo e o silêncio,
entre o sangue vermelho e a neve branca.
E acima de tudo nunca o enfada
o tema do torturador impecável
sobre a vítima conspurcada.

Pronto para novas tarefas a cada instante.
Se tem que esperar, espera.
Dizem que é cego. Cego?
Tem a vista aguda de um atirador
e afoito olha o futuro
— só ele.

Rachunek elegijny

Ilu tych, których znałam
(jeśli naprawdę ich znałam)
mężczyzn, kobiet
(jeśli ten podział pozostaje w mocy)
przestąpiło ten próg
(jeżeli to próg)
przebiegło przez ten most
(jeśli nazwać to mostem) —

Ilu po życiu krótszym albo dłuższym
(jeśli to dla nich wciąż jakaś różnica)
dobrym, bo się zaczęło,
złym, bo się skończyło
(jeśliby nie woleli powiedzieć na odwrót)
znalazło się na drugim brzegu
(jeśli znalazło się
a drugi brzeg istnieje) —

Nie dana mi jest pewność
ich dalszego losu
(jeśli to nawet jeden wspólny los
i jeszcze los) —

Wszystko
(jeżeli słowem tym nie ograniczam)
mają za sobą
(jeśli nie przed sobą) —

Cálculo elegíaco

Quantos dos que conheci
(se de fato os conheci)
homens, mulheres
(se esta divisão ainda é válida)
cruzaram esta soleira
(se é uma soleira)
atravessaram esta ponte
(se chamarmos isso de ponte) —

Quantos depois de uma vida curta ou longa
(se isso para eles ainda faz diferença)
boa, porque começou,
má, porque acabou
(se não prefeririam dizer o contrário)
se encontraram na outra margem
(se é que se encontraram
e se a outra margem existe) —

Não me é dada a certeza
de seu destino posterior
(se há mesmo um destino comum
e ainda é um destino) —

Tudo
(se não restrinjo com a palavra)
têm já atrás de si
(se não à sua frente) —

*Ilu ich wyskoczyło z pędzącego czasu
i w oddaleniu coraz rzewniej znika
(jeżeli warto wierzyć perspektywie) —*

*Ilu
(jeżeli pytanie ma sens,
jeżeli można dojść do sumy ostatecznej,
zanim liczący nie doliczy siebie)
zapadło w ten najgłębszy sen
(jeśli nie ma głębszego) —*

*Do widzenia.
Do jutra.
Do następnego spotkania.
Już tego nie chcą
(jeżeli nie chcą) powtórzyć.
Zdani na nieskończone
(jeśli nie inne) milczenie.
Zajęci tylko tym
(jeśli tylko tym)
do czego ich przymusza nieobecność.*

Quantos deles saltaram do tempo que corre
e desapareceram tristemente na distância
(se vale confiar na perspectiva) —

Quantos
(se a pergunta faz sentido,
se é possível chegar à soma final
sem incluir a si mesmo na conta)
caíram no mais profundo dos sonos
(se não há um mais profundo) —

Até logo.
Até amanhã.
Até o próximo encontro.
Isto já não querem
(se não querem) repetir.
Entregues a um infinito
(se não outro) silêncio.
Ocupados só com aquilo
(se é só aquilo)
a que os obriga a ausência.

Wielkie to szczęście

Wielkie to szczęście
nie wiedzieć okładnie,
na jakim świecie się żyje.

Trzeba by było
istnieć bardzo długo,
stanowczo dłużej
niż istnieje on.

Choćby dla porównania
poznać inne światy.

Unieść się ponad ciało
które niczego tak dobrze nie umie,
jak ograniczać
i stwarzać trudności.

Dla dobra badań,
jasności obrazu
i ostatecznych wniosków
wzbić się ponad czas,
w którym to wszystko pędzi i wiruje.

Z tej perspektywy
żegnajcie na zawsze
szczegóły i epizody.

Grande sorte

É uma grande sorte
não saber ao certo
em que mundo se vive.

Seria preciso
existir um longo tempo,
decididamente mais longo
do que o mundo existe.

Ainda que só para comparar,
conhecer outros mundos.

Elevar-se acima do corpo
que não sabe fazer nada melhor
do que limitar
e criar dificuldade.

Para o bem das pesquisas,
da clareza da visão
e das conclusões definitivas,
colocar-se acima do tempo,
no qual tudo isso corre e gira.

Dessa perspectiva
adeus para sempre
aos detalhes e incidentes.

*Liczenie dni tygodnia
musiałoby się wydać
czynnością bez sensu,
wrzucenie listu do skrzynki
wybrykiem głupiej młodości,*

*napis „Nie deptać trawy"
napisem szalonym.*

A contagem dos dias da semana
deveria parecer
uma atividade sem sentido,
jogar uma carta na caixa de correio,
uma bobagem de moços,

a inscrição "Não pise na grama",
uma inscrição louca.

INSTANTE

Chwila

Idę stokiem pagórka zazielenionego.
Trawa, kwiatuszki w trawie
jak na obrazku dla dzieci.
Niebo zamglone, już błękitniejące.
Widok na inne wzgórza rozlega się w ciszy.

Jakby tutaj nie było żadnych kambrów, sylurów,
skał warczących na siebie,
wypiętrzonych otchłani,
żadnych nocy w płomieniach
i dni w kłębach ciemności.

Jakby nie przesuwały się tędy niziny
w gorączkowych malignach,
lodowatych dreszczach.

Jakby tylko gdzie indziej burzyły się morza
i rozrywały brzegi horyzontów.

Jest dziewiąta trzydzieści czasu lokalnego.
Wszystko na swoim miejscu i w układnej zgodzie.
W dolince potok mały jako potok mały.
Ścieżka w postaci ścieżki od zawsze do zawsze.

Las pod pozorem lasu na wieki wieków i amen,
a w górze ptaki w locie w roli ptaków w locie.

Instante

Caminho pela encosta de uma colina verdejante.
Grama, florzinhas na grama,
como numa gravura para crianças.
O céu nevoento já azulando.
A vista de outras colinas se amplia em silêncio.

Como se aqui não tivesse havido cambrianos e silurianos,
rochas rosnando uma para a outra,
abismos elevados,
noites em chamas
e dias em nuvens de escuridão.

Como se por aqui não tivessem se movido as planícies
em delírios febris,
calafrios gelados.

Como se só alhures tivessem fervilhado os mares
e rompido as margens dos horizontes.

São nove e trinta, hora local.
Tudo no lugar e em assente concórdia.
No vale, um riacho pequeno como riacho pequeno.
Um caminho em forma de caminho desde sempre para sempre.

Um bosque simulando um bosque pelos séculos dos séculos, amém,
e no alto, pássaros em voo no papel de pássaros em voo.

*Jak okiem sięgnąć, panuje tu chwila.
Jedna z tych ziemskich chwil
proszonych, żeby trwały.*

Até onde a vista alcança, reina aqui o instante.
Um daqueles instantes terrenos
que se pede que durem.

Milczenie roślin

Jednostronna znajomość między mną a wami
rozwija się nie najgorzej.

Wiem, co listek, co płatek, kłos, szyszka, łodyga,
i co się z wami dzieje w kwietniu, a co w grudniu.

Chociaż moja ciekawość jest bez wzajemności,
nad niektórymi schylam się specjalnie,
a ku niektórym z was zadzieram głowę.

Macie u mnie imiona:
klon, łopian, przylaszczka,
wrzos, jałowiec, jemioła, niezapominajka,
a ja u was żadnego.

Podróż nasza jest wspólna.
W czasie wspólnych podróży rozmawia się przecież,
wymienia się uwagi choćby o pogodzie
albo o stacjach mijanych w rozpędzie.

Nie brakłoby tematów, bo łączy nas wiele.
Ta sama gwiazda trzyma nas w zasięgu.
Rzucamy cienie na tych samych prawach.
Próbujemy coś wiedzieć, każde na swój sposób,
a to, czego nie wiemy, to też podobieństwo.

O silêncio das plantas

A relação unilateral entre mim e vocês
até que não vai tão mal.

Sei o que é folha, caule, pétala, pinha e espiga
e o que lhes acontece em abril e em dezembro.

Embora minha curiosidade não seja recíproca,
me debruço só para ver algumas de vocês
e para ver outras ergo a cabeça.

Dou-lhes nomes:
bordo, bardana, hepática,
urze, zimbro, visco, miosótis,
mas vocês não me dão nenhum.

Partilhamos a mesma viagem.
Durante uma viagem conjunta é costume conversar, afinal,
trocar impressões, nem que seja sobre o tempo
ou sobre as estações que passam no trajeto.

Não faltariam assuntos, pois temos muito em comum.
Essa mesma estrela nos mantém sob seu alcance.
Projetamos sombras na base das mesmas leis.
Procuramos saber algo, cada qual do seu jeito,
e somos parecidos também no que não sabemos.

Objaśnię, jak potrafię, tylko zapytajcie:
co to takiego oglądać oczami,
po co serce mi bije
i czemu moje ciało nie zakorzenione.

Ale jak odpowiadać na niestawiane pytania,
jeśli w dodatku jest się kimś
tak bardzo dla was nikim.

Porośla, zagajniki, łąki i szuwary —
wszystko, co do was mówię, to monolog,
i nie wy go słuchacie.

Rozmowa z wami konieczna jest i niemożliwa.
Pilna w życiu pośpiesznym
i odłożona na nigdy.

Perguntem, e eu lhes explicarei como puder:
o que é isso de ver com os olhos,
para que bate meu coração
e por que meu corpo não tem raízes.

Mas como responder a perguntas não feitas,
se além disso se é alguém
que para vocês é tão ninguém.

Epífetas, arvoredos, prados, juncos —
tudo que lhes digo é monólogo
e não são vocês que escutam.

Uma conversa entre nós é imperiosa e impossível.
Urgente na vida apressada
e adiada para nunca.

Kałuża

Dobrze z dzieciństwa pamiętam ten lęk.
Omijałam kałuże,
zwłaszcza te świeże, po deszczu.
Któraś z nich przecież mogła nie mieć dna,
choć wyglądała jak inne.

Stąpnę i nagle zapadnę się cała,
zacznę wzlatywać w dół
i jeszcze głębiej w dół,
w kierunku chmur odbitych
a może i dalej.

Potem kałuża wyschnie,
zamknie się nade mną,
a ja na zawsze zatrzaśnięta — gdzie —
z niedoniesionym na powierzchnię krzykiem.

Dopiero później przyszło zrozumienie:
nie wszystkie złe przygody
mieszczą się w regułach świata
i nawet gdyby chciały,
nie mogą się zdarzyć.

Poça d'água

Lembro bem daquele medo na infância.
Evitava as poças,
sobretudo as novas depois da chuva.
Afinal uma delas podia não ter fundo
mesmo se parecendo com as outras.

Piso e súbito desabo inteira,
levanto voo para baixo,
cada vez mais para baixo,
na direção das nuvens refletidas
e talvez mais além.

Depois a poça seca,
se fecha sobre mim,
e eu presa para sempre — onde —
com um grito que não chega à superfície.

Só mais tarde veio a compreensão:
nem todas as aventuras más
cabem nas regras do mundo
e mesmo se quisessem
não poderiam acontecer.

Pierwsza miłość

*Mówią,
że pierwsza miłość najważniejsza.
To bardzo romantyczny,
ale nie mój przypadek.*

*Coś między nami było i nie było,
działo się i podziało.*

*Nie drżą mi ręce,
kiedy natrafiam na drobne pamiątki
i zwitek listów przewiązanych sznurkiem
— żeby chociaż wstążeczką.*

*Nasze jedyne spotkanie po latach
to rozmowa dwóch krzeseł
przy zimnym stoliku.*

*Inne miłości
głęboko do tej pory oddychają we mnie.
Tej brak tchu, żeby westchnąć.*

*A jednak właśnie taka, jaka jest,
potrafi, czego tamte nie potrafią jeszcze:
niepamiętana,
nie śniąca się nawet,
oswaja mnie ze śmiercią.*

O primeiro amor

Dizem
que o primeiro amor é o mais importante.
Isso é muito romântico,
mas não é o meu caso.

Algo entre nós houve e não houve,
se deu e se perdeu.

Não me tremem as mãos
quando encontro as pequenas lembranças
e o maço de cartas atadas com barbante
— se ao menos fosse uma fita.

Nosso único encontro anos depois
foi um diálogo de duas cadeiras
junto a uma mesa fria.

Outros amores
ainda respiram profundamente em mim.
Este não tem fôlego para suspirar.

E no entanto tal como é
consegue o que aqueles ainda não conseguem:
deslembrado,
nem sequer sonhado,
me acostuma com a morte.

Fotografia z 11 września

Skoczyli z płonących pięter w dół —
jeden, dwóch, jeszcze kilku
wyżej, niżej.

Fotografia powstrzymała ich przy życiu,
a teraz przechowuje
nad ziemią ku ziemi.

Każdy to jeszcze całość
z osobistą twarzą
i krwią dobrze ukrytą.

Jest dosyć czasu,
żeby rozwiały się włosy,
a z kieszeni wypadły
klucze, drobne pieniądze.

Są ciągle jeszcze w zasięgu powietrza,
w obrębie miejsc,
które się właśnie otwarły.

Tylko dwie rzeczy mogę dla nich zrobić —
opisać ten lot
i nie dodawać ostatniego zdania.

Fotografia de 11 de setembro

Saltaram dos andares em chamas —
um, dois, alguns mais
acima, abaixo.

A fotografia os susteve em vida
e agora os mantém
sobre a terra em direção à terra.

Cada um ainda é um todo
com um rosto próprio
e o sangue bem escondido.

Há bastante tempo
para os cabelos se soltarem
e dos bolsos caírem
chaves, dinheiro trocado.

Ainda estão ao alcance do ar,
nos limites dos lugares
que acabaram de se abrir.

Só posso fazer duas coisas por eles —
descrever esse voo
e não acrescentar a última sentença.

Bagaż powrotny

Kwatera małych grobów na cmentarzu.
My, długo żyjący, mijamy ją chyłkiem,
jak mijają bogacze dzielnicę nędzarzy.

Tu leżą Zosia, Jacek, Dominik,
przedwcześnie odebrani słońcu, księżycowi,
obrotom roku, chmurom.

Niewiele uciułali w bagażu powrotnym.
Strzępki widoków
w liczbie nie za bardzo mnogiej.
Garstkę powietrza z przelatującym motylem.
Łyżeczkę gorzkiej wiedzy o smaku lekarstwa.

Drobne nieposłuszeństwa,
w tym któreś śmiertelne.
Wesołą pogoń za piłką po szosie.
Szczęście ślizgania się po kruchym lodzie.

Ten tam i tamta obok i ci z brzegu,
zanim zdążyli dorosnąć do klamki,
zepsuć zegarek,
rozbić pierwszą szybę.

Małgorzata, lat cztery,
z czego dwa na leżąco i patrząco w sufit.
Rafałek: do lat pięciu brakło mu miesiąca,

Bagagem de volta

Uma quadra de pequenas tumbas no cemitério.
Nós, que vivemos muito, passamos furtivamente,
como os ricos passam pelos bairros dos pobres.

Aqui jazem a Zosia, o Jacek, o Dominik,
prematuramente tirados do sol, da lua,
da mudança das estações, das nuvens.

Não juntaram muito na bagagem de volta.
Fragmentos de vista
não muito no plural.
Um punhado de ar com uma borboleta voando.
Uma colherinha de saber amargo no sabor do remédio.

Desobediências miúdas,
algumas delas mortais.
Corrida alegre atrás de uma bola na estrada.
Patinação feliz sobre o gelo fino.

Aquele ali e aquela ao lado e aqueles mais além:
antes de alcançarem a altura da maçaneta,
quebrarem o relógio,
estilhaçarem a primeira vidraça.

Małgorzata, de quatro anos,
dois dos quais deitada a fitar o teto.
Rafałek: faltou um mês para completar cinco anos,

*a Zuzi świat zimowych
z mgiełką oddechu na mrozie.*

*Co dopiero powiedzieć o jednym dniu życia,
o minucie, sekundzie:
ciemność i błysk żarówki i znów ciemność?*

KÓSMOS MAKRÓS
CHRÓNOS PARÁDOKSOS
Tylko kamienna greka ma na to wyrazy.

e à Zuzia faltou a festa natalina
com a fumacinha da respiração no ar gelado.

Que dizer então de um dia de vida,
de um minuto, um segundo:
escuridão, o fulgor de uma lâmpada, escuridão de novo?

KÓSMOS MAKRÓS
CHRÓNOS PARÁDOKSOS
Só o grego pétreo tem palavras para isso.

Notatka

Życie — jedyny sposób,
żeby obrastać liśćmi,
łapać oddech na piasku,
wzlatywać na skrzydłach;

być psem,
albo głaskać go po ciepłej sierści;

odróżniać ból
od wszystkiego, co nim nie jest;

mieścić się w wydarzeniach,
podziewać w widokach,
poszukiwać najmniejszej między omyłkami.

Wyjątkowa okazja,
żeby przez chwilę pamiętać,
o czym się rozmawiało
przy zgaszonej lampie;

i żeby raz przynajmniej
potknąć się o kamień,
zmoknąć na którymś deszczu,
zgubić klucze w trawie;
i wodzić wzrokiem za iskrą na wietrze;

i bez ustanku czegoś ważnego
nie wiedzieć.

Anotação

A vida — única possibilidade
para se cobrir de folhas,
tomar fôlego na areia,
voar com asas;

ser um cão
ou acariciar seu pelo quente;

diferenciar a dor
de tudo que não é ela;

imiscuir-se nos acontecimentos,
perder-se nas paisagens,
procurar o menor dentre os erros.

Ocasião excepcional
para lembrar por um momento
do que se falava
junto à lâmpada apagada;

e uma vez pelo menos
tropeçar numa pedra,
molhar-se em alguma chuva,
perder chaves na grama
e seguir com a vista uma fagulha no vento;

e incessantemente não saber
algo de importante.

DOIS PONTOS

Nieobecność

*Niewiele brakowało,
a moja matka mogłaby poślubić
pana Zbigniewa B. ze Zduńskiej Woli.
I gdyby mieli córkę — nie ja bym nią była.
Może z lepszą pamięcią do imion i twarzy,
i każdej usłyszanej tylko raz melodii.
Bez błędu poznającą który ptak jest który.
Ze świetnymi stopniami z fizyki i chemii,
i gorszymi z polskiego,
ale w skrytości pisującą wiersze
od razu dużo ciekawsze od moich.*

*Niewiele brakowało,
a mój ojciec mógłby w tym samym czasie poślubić
pannę Jadwigę R. z Zakopanego.
I gdyby mieli córkę — nie ja bym nią była.
Może bardziej upartą w stawianiu na swoim.
Bez lęku wskakującą do głębokiej wody.
Skłonną do ulegania emocjom zbiorowym.
Bezustannie widzianą w kilku miejscach na raz,
ale rzadko nad książką, częściej na podwórku,
jak kopie piłkę razem z chłopakami.*

*Może by obie spotkały się nawet
w tej samej szkole i tej samej klasie.
Ale żadna z nich para,*

Ausência

Por pouco
a minha mãe não se casou
com o senhor Zbigniew B. de Zduńska Wola.
E se tivessem tido uma filha — não seria eu.
Seria talvez alguém com melhor memória para nomes e rostos
e para melodias ouvidas uma única vez.
Capaz de distinguir sem erro um pássaro de outro.
Com notas excelentes em física e química
e piores em polonês,
mas fazendo versos em segredo,
de imediato muito melhores do que os meus.

Por pouco
o meu pai nesse mesmo tempo não se casou
com a senhorita Jadwiga R. de Zakopane.
E se tivessem tido uma filha — não seria eu.
Seria talvez mais obstinada em conseguir o que quer.
Saltaria sem medo em águas profundas.
Disposta a render-se às emoções coletivas.
Sempre vista em vários lugares de uma vez,
mas menos com um livro, mais no quintal,
jogando bola com os meninos.

Talvez as duas até se encontrassem
na mesma escola e na mesma sala.
Mas sem afinidades,

*żadne pokrewieństwo,
a na grupowym zdjęciu daleko od siebie.*

*Dziewczynki, stańcie tutaj
— wołałby fotograf —
te niższe z przodu, te wyższe za nimi.
I ładnie się uśmiechnąć, kiedy zrobię znak.
Tylko jeszcze policzcie,
czy jesteście wszystkie?*

— Tak, proszę pana, wszystkie.

sem nenhum parentesco,
e longe uma da outra na foto da turma.

Aqui, meninas
— diria o fotógrafo —,
as mais baixas na frente, as mais altas atrás.
E um belo sorriso quando eu der o sinal.
Mas antes contem,
estão todas aí?

— Sim, senhor, todas.

ABC

Nigdy już się nie dowiem,
co myślał o mnie A.
Czy B. do końca mi nie wybaczyła.
Dlaczego C. udawał, że wszystko w porządku.
Jaki był udział D. w milczeniu E.
Czego F. oczekiwał, jeśli oczekiwał.
Czemu G. udawała, choć dobrze wiedziała.
Co H. miał do ukrycia.
Co I. chciała dodać.
Czy fakt, że byłam obok,
miał jakiekolwiek znaczenie
dla J., dla K. i reszty alfabetu.

ABC

Jamais vou descobrir
o que o A. pensava de mim.
Se a B. até o fim não me perdoou.
Por que o C. fingia que estava tudo bem.
Que papel teve o D. no silêncio do E.
O que o F. esperava, se é que esperava.
Por que a G. fingia, já que sabia muito bem.
O que o H. tinha a esconder.
O que a I. queria acrescentar.
Se o fato de eu estar ali ao lado
teve qualquer importância
para o J., para o K. e para o resto do alfabeto.

Zdarzenie

Niebo, ziemia, poranek,
godzina ósma piętnaście.
Spokój i cisza
w pożółkłych trawach sawanny.
W oddali hebanowiec
o liściach zawsze zielonych
i rozłożystych korzeniach.

Wtem jakieś zakłócenie błogiego bezruchu.
Dwie chcące żyć istoty zerwane do biegu.
To antylopa w gwałtownej ucieczce,
a za nią lwica zziajana i głodna.
Szanse ich obu są chwilowo równe.
Pewną nawet przewagę ma uciekająca.
I gdyby nie ten korzeń,
co sterczy spod ziemi,
gdyby nie to potknięcie
jednego z czterech kopytek,
gdyby nie ćwierć sekundy
zachwianego rytmu,
z czego korzysta lwica
jednym długim skokiem —

Na pytanie kto winien,
nic, tylko milczenie.
Niewinne niebo, circulus coelestis.
Niewinna terra nutrix, ziemia żywicielka.

Acontecimento

Céu, terra, manhã,
a hora: oito e quinze.
Sossego e silêncio
na grama amarelada da savana.
Na distância, um ébano
de folhas sempre verdes
e raízes espraiadas.

Súbito uma perturbação na doce imobilidade.
Dois seres que querem viver se lançam numa corrida.
Um antílope em fuga impetuosa
e atrás dele uma leoa ofegante e faminta.
As chances de ambos por um momento são iguais.
O fugitivo tem até certa vantagem.
E se não fosse essa raiz
que reponta da terra,
se não fosse esse tropeço
de uma das quatro patinhas,
se não fosse a fração de segundo
na quebra do ritmo,
da qual se aproveita a leoa
com um grande salto —

À pergunta de quem é a culpa,
nada, só o silêncio.
Inocente o céu, *circulus coelestis*.
Inocente *terra nutrix*, a terra provedora.

Niewinny tempus fugitivum, *czas*.
Niewinna antylopa, gazella dorcas.
Niewinna lwica, leo massaicus.
Niewinny hebanowiec, diospyros mespiliformis.
I obserwator z lornetką przy oczach,
w takich, jak ten, przypadkach
homo sapiens innocens.

Inocente o tempo, *tempus fugitivum*.
Inocente o antílope, *Gazella dorcas*.
Inocente a leoa, *Leo massaicus*.
Inocente o ébano, *Diospyros mespiliformis*.
E o observador com um binóculo,
em casos como este,
Homo sapiens innocens.

Pociecha

Darwin.
Podobno dla wytchnienia czytywał powieści.
Ale miał wymagania:
nie mogły skończyć się smutno.
Jeśli trafiał na taką,
z furią ciskał ją w ogień.

Prawda, nieprawda —
ja chętnie w to wierzę.

Przemierzając umysłem tyle obszarów i czasów
naoglądał się tylu wymarłych gatunków,
takich tryumfów silnych nad słabszymi,
tak wielu prób przetrwania,
prędzej czy później daremnych,
że przynajmniej od fikcji
i jej mikroskali
miał prawo oczekiwać happy endu.

A więc koniecznie: promyk spoza chmur,
kochankowie znów razem, rody pogodzone,
wątpliwości rozwiane, wierność nagrodzona,
majątki odzyskane, skarby odkopane,
sąsiedzi żałujący swojej zawziętości,
dobre imię zwrócone, chciwość zawstydzona,
stare panny wydane za zacnych pastorów,
intryganci zesłani na drugą półkulę,

Consolação

Darwin.
Dizem que para relaxar lia romances.
Mas tinha uma exigência:
não podiam acabar mal.
Se achasse um assim,
atirava-o ao fogo com fúria.

Verdade ou não —
sou propensa a acreditar.

Percorrendo com a mente tantos espaços e tempos
saturou-se de ver tantas espécies extintas,
tantos triunfos dos mais fortes sobre os mais fracos,
tamanhas tentativas de sobrevivência,
mais cedo ou mais tarde inúteis,
que pelo menos da ficção
e sua microescala
tinha direito de exigir um happy end.

Portanto, necessariamente: um raio de sol entre as nuvens,
os amantes juntos de novo, famílias reconciliadas,
dúvidas dissipadas, fidelidade recompensada,
bens recuperados, tesouros desenterrados,
vizinhos arrependidos de sua birra,
o bom nome devolvido, a avareza envergonhada,
solteironas casadas com respeitáveis pastores,
intrigantes deportados para o outro hemisfério,

*fałszerze dokumentów zrzuceni ze schodów,
uwodziciele dziewic w biegu do ołtarza,
sieroty przygarnięte, wdowy utulone,
pycha upokorzona, rany zagojone,
synowie marnotrawni proszeni do stołu,
kielich goryczy wylany do morza,
chusteczki mokre od łez pojednania,
ogólne śpiewy i muzykowanie,
a piesek Fido,
zgubiony już w pierwszym rozdziale,
niech znów biega po domu
i szczeka radośnie.*

falsificadores de documentos jogados das escadas,
sedutores de donzelas a correr para o altar,
órfãos acolhidos, viúvas confortadas,
o orgulho humilhado, feridas cicatrizadas,
filhos pródigos convidados à mesa,
o cálice de amargura derramado ao mar,
lenços molhados das lágrimas de reconciliação,
canto e música gerais,
e o cãozinho Fido,
perdido já no primeiro capítulo,
que corra de novo pela casa
latindo de alegria.

Stary profesor

Spytałam go o tamte czasy,
kiedy byliśmy tacy młodzi,
naiwni, zapalczywi, głupi, niegotowi.

Trochę z tego zostało, z wyjątkiem młodości
— odpowiedział.

Spytałam go, czy nadal wie na pewno,
co dla ludzkości dobre a co złe.

Najbardziej śmiercionośne złudzenie z możliwych
— odpowiedział.

Spytałam go o przyszłość,
czy ciągle jasno ją widzi.

Zbyt wiele przeczytałem książek historycznych
— odpowiedział.

Spytałam go o zdjęcie,
to w ramkach, na biurku.

Byli, minęli. Brat, kuzyn, bratowa,
żona, córeczka na kolanach żony,
kot na rękach córeczki,
i kwitnąca czereśnia, a nad tą czereśnią
niezidentyfikowany ptaszek latający

O velho professor

Perguntei-lhe sobre aquele tempo
quando éramos tão jovens,
ingênuos, impetuosos, tolos, despreparados.

Um pouco disso restou, menos a juventude
— respondeu.

Perguntei-lhe se ainda sabe com certeza
o que é bom e ruim para a humanidade.

É a mais mortal de todas as ilusões possíveis
— respondeu.

Perguntei-lhe sobre o futuro,
se ainda o vê luminoso.

Li demasiados livros de história
— respondeu.

Perguntei-lhe sobre a foto,
aquela da moldura, na escrivaninha.

Existiram, se foram. O irmão, o primo, a cunhada,
a mulher, a filha no colo da mulher,
o gato nos braços da filha,
a cerejeira em flor, e sobre a cerejeira
o passarinho não identificado voando.

— *odpowiedział.*

Spytałam go, czy bywa czasami szczęśliwy.

Pracuję
— *odpowiedział.*

Spytałam o przyjaciół, czy jeszcze ich ma.

Kilkoro moich byłych asystentów,
którzy także już mają byłych asystentów,
pani Ludmiła, która rządzi w domu,
ktoś bardzo bliski, ale za granicą,
dwie panie z biblioteki, obie uśmiechnięte,
mały Grześ z naprzeciwka i Marek Aureliusz
— *odpowiedział.*

Spytałam go o zdrowie i samopoczucie.

Zakazują mi kawy, wódki, papierosów,
noszenia ciężkich wpomnień i przedmiotów.
Muszę udawać, że tego nie słyszę
— *odpowiedział.*

Spytałam o ogródek i ławkę w ogródku.

Kiedy wieczór pogodny, obserwuję niebo.
Nie mogę się nadziwić,
ile tam punktów widzenia
— *odpowiedział.*

— respondeu.

Perguntei se lhe acontece de às vezes ser feliz.

Eu trabalho
— respondeu.

Perguntei-lhe sobre amigos, se ainda os tem.

Alguns dos meus ex-assistentes,
que também já têm seus ex-assistentes,
a senhora Ludmila, que manda lá em casa,
alguém muito próximo, mas no estrangeiro,
duas senhoras da biblioteca, ambas sorridentes,
o pequeno Grześ que mora em frente e Marco Aurélio
— respondeu.

Perguntei-lhe sobre o seu estado de saúde e de espírito.

Me proibiram café, vodca, cigarro,
carregar lembranças e coisas pesadas.
Tenho que fingir que não escuto
— respondeu.

Perguntei sobre o jardim e o banco no jardim.

Quando a noite está clara, observo o céu.
Fico maravilhado de ver
quantos pontos de vista há ali
— respondeu.

Uprzejmość niewidomych

Poeta czyta wierze niewidomym.
Nie przewidywał, że to takie trudne.
Drży mu głos.
Drżą mu ręce.

Czuje, że każde zdanie
wystawione jest tutaj na próbę ciemności.
Będzie musiało radzić sobie samo,
bez świateł i kolorów.

Niebezpieczna przygoda
dla gwiazd w jego wierszach,
zorzy, tęczy, obłóków, neonów księżyca,
dla ryby do tej pory tak srebrnej pod wodą
i jastrzębia tak cicho, wysoko na niebie.

Czyta — bo już za późno nie czytać —
o chłopcu w kurtce żółtej na łące zielonej,
o dających się zliczyć czerwonej dachach w dolinie,
o ruchliwych numerach na koszulkach graczy
i nagiej nieznajomej w uchylonych drzwiach.

Chciałby przemilczeć — choć to niemożliwe —
tych wszystkich świętych na stropie katedry,
ten pożegnalny gest z okna wagonu,
to szkiełko mikroskopu i promyk w pierścieniu
i ekrany i lustra i album z twarzami.

A cortesia dos cegos

O poeta lê seus versos para os cegos.
Não imaginava que fosse tão difícil.
Treme-lhe a voz.
Tremem-lhe as mãos.

Sente que cada frase
é posta aqui à prova da escuridão.
Vai precisar se virar sozinha
sem luzes e cores.

Aventura perigosa
para as estrelas em seus versos,
a aurora, o arco-íris, as nuvens, os neons, a lua,
para os peixes até aqui tão prateados sob a água
e o falcão tão alto e silencioso no céu.

Lê — porque já é tarde demais para não ler —
sobre o rapaz de casaco amarelo num prado verde,
sobre os telhados vermelhos, que se podem contar, no vale,
sobre os números agitados nas camisas dos jogadores
e sobre a desconhecida nua na porta entreaberta.

Queria se calar — embora seja impossível —
sobre todos aqueles santos no teto da catedral,
aquele gesto de despedida na janela do trem,
a lente do microscópio e o raio de luz no anel
e a tela e o espelho e o álbum de retratos.

Ale wielka jest uprzejmość niewidomych,
wielka wyrozumiałość i wspaniałomyślność.
Słuchają, uśmiechają się i klaszczą.

Ktoś z nich nawet podchodzi
z książką otwartą na opak
prosząc o niewidzialny dla siebie autograf.

Mas é grande a cortesia dos cegos,
grandes sua compreensão e magnanimidade.
Ouvem, sorriem e aplaudem.

Um deles até se aproxima
com um livro aberto de cabeça para baixo
pedindo o autógrafo que não verá.

Nieuwaga

Źle sprawowałam się wczoraj w kosmosie.
Przeżyłam całą dobę nie pytając o nic,
nie dziwiąc się niczemu.

Wykonywałam czynności codzienne,
jakby to było wszystko, co powinnam.

Wdech, wydech, krok za krokiem, obowiązki,
ale bez myśli sięgającej dalej
niż wyjście z domu i powrót do domu.

Świat mógł być odbierany jako świat szalony,
a ja brałam go tylko na zwykły użytek.

Żadnych — jak — i dlaczego —
i skąd się taki tu wziął —
i na co mu aż tyle ruchliwych szczegółów.

Byłam jak gwóźdź zbyt płytko wbity w ścianę
albo
(*tu porównanie, którego mi brakło*).

Jedna za drugą zachodziły zmiany
nawet w ograniczonym polu okamgnienia.

Przy stole młodszym, ręką o dzień młodszą
był chleb wczorajszy inaczej krajany.

Desatenção

Ontem me comportei mal no universo.
Vivi o dia inteiro sem indagar nada,
sem estranhar nada.

Executei as tarefas diárias
como se isso fosse tudo o que devia fazer.

Inspirar, expirar, um passo, outro passo, obrigações,
mas sem um pensamento que fosse
além de sair de casa e voltar para casa.

O mundo podia ter sido percebido como um mundo louco,
e eu o tomei somente para uso habitual.

Nenhum — como — e por quê —
e como foi que aqui apareceu —
e de que lhe servem tantas minúcias buliçosas.

Fiquei como um prego mal pregado na parede
ou
(aqui uma comparação que me faltou).

Uma depois da outra ocorreram mudanças
mesmo no estrito espaço de um pestanejar.

Sobre uma mesa mais nova, por mão um dia mais nova,
o pão de ontem foi cortado de um modo diferente.

*Chmury jak nigdy i deszcz był jak nigdy,
bo padał przecież innymi kroplami.*

*Ziemia się obróciła wokół swojej osi,
ale już w opuszczonej na zawsze przestrzeni.*

*Trwało to dobre 24 godziny.
1440 minut okazji.
86 400 sekund do wglądu.*

*Kosmiczny savoir-vivre
choć milczy na nasz temat,
to jednak czegoś od nas się domaga:
trochę uwagi, kilku zdań z Pascala
i zdumionego udziału w tej grze
o regułach nieznanych.*

Nuvens como nunca, uma chuva como nunca,
pois caíram gotas diferentes.

A Terra girou em torno de seu eixo,
mas num espaço já abandonado para sempre.

Isso durou umas boas 24 horas.
1440 minutos de chances.
86 400 segundos para intuições.

O savoir-vivre cósmico,
embora se cale sobre nós,
ainda assim nos exige algo:
alguma atenção, umas frases de Pascal
e uma participação perplexa nesse jogo
de regras desconhecidas.

AQUI

Tutaj

Nie wiem jak gdzie,
ale tutaj na Ziemi jest sporo wszystkiego.
Tutaj wytwarza się krzesła i smutki,
nożyczki, skrzypce, czułość, tranzystory,
zapory wodne, żarty, filiżanki.

Może gdzie indziej jest wszystkiego więcej,
tylko z pewnych powodów brak tam malowideł,
kineskopów, pierogów, chusteczek do łez.

Jest tutaj co niemiara miejsc z okolicami.
Niektóre możesz specjalnie polubić,
nazwać je po swojemu
i chronić od złego.

Może gdzie indziej są miejsca podobne,
jednak nikt nie uważa ich za piękne.

Może jak nigdzie, albo mało gdzie,
masz tu osobny tułów,
a z nim potrzebne przybory,
żeby do dzieci cudzych dodać własne.
Poza tym ręce, nogi i zdumioną głowę.

Niewiedza tutaj jest zapracowana,
ciągle coś liczy, porównuje, mierzy,
wyciąga z tego wnioski i pierwiastki.

Aqui

Não sei em outros lugares,
mas aqui na Terra tem um bocado de tudo.
Aqui se fabricam cadeiras e tristezas,
tesouras, violinos, ternura, transistores,
represas, xícaras, piadas.

Talvez em outros lugares tenha mais de tudo,
mas por alguma razão faltam pinturas,
cinescópios, pastéis, lencinhos para as lágrimas.

Aqui há incontáveis lugares com seus arredores.
Você pode gostar de alguns,
chamá-los do seu jeito
e defendê-los do mal.

Talvez haja lugares parecidos alhures,
mas ninguém os acha lindos.

Talvez como em nenhum lugar, ou quase nenhum,
aqui você tem um torso individual,
e com ele os acessórios necessários
para adicionar filhos próprios aos dos outros.
Além disso, mãos, pernas e uma cabeça atônita.

A ignorância aqui tem muito trabalho,
está sempre a contar, comparar, medir alguma coisa,
de onde extrai conclusões e raízes.

Wiem, wiem, co myślisz.
Nic tutaj trwałego,
bo od zawsze na zawsze we władzy żywiołów.
Ale zauważ — żywioły męczą się łatwo
i muszą czasem długo odpoczywać
do następnego razu.

I wiem, co myślisz jeszcze.
Wojny, wojny, wojny.
Jednak i między nimi zdarzają się przerwy.
Baczność — ludzie są źli.
Spocznij — ludzie są dobrzy.
Na baczność produkuje się pustkowia.
Na spocznij w pocie czoła buduje się domy
i prędko się w nich mieszka.

Życie na ziemi wypada dość tanio.
Za sny na przykład nie płacisz tu grosza.
Za złudzenia — dopiero kiedy utracone.
Za posiadanie ciała — tylko ciałem.

I jakby tego było jeszcze mało,
kręcisz się bez biletu w karuzeli planet,
a razem z nią, na gapę, w zamieci galaktyk,
przez czasy tak zawrotne,
że nic tutaj na Ziemi nawet drgnąć nie zdąży.

No bo przyjrzyj się dobrze:
stół stoi, gdzie stał,
na stole kartka, tak jak położona,
przez uchylone okno podmuch tylko powietrza,

Sei bem o que você pensa.
Nada aqui perdura,
pois desde sempre e para sempre à mercê dos elementos.
Mas veja — os elementos facilmente se cansam
e às vezes necessitam de longo repouso
antes de começar de novo.

E sei o que mais você pensa.
Guerras, guerras, guerras.
Mas há pausas mesmo entre elas.
Atenção! — os homens são maus.
Descansar! — os homens são bons.
Na atenção são produzidos desertos.
No descansar com o suor do rosto se constroem casas
e logo nelas se mora.

A vida na terra custa bem pouco.
Pelos sonhos por exemplo não se paga um vintém.
Pelas ilusões — só quando perdidas.
Pela posse do corpo — só com o corpo.

E como se isso fosse pouco,
você gira de graça no carrossel dos planetas,
e com ele de carona na nevasca das galáxias,
por tempos tão vertiginosos,
que nada aqui na Terra nem tremer consegue.

Pois observe bem:
a estante está onde estava,
na estante uma folha tal como colocada,
pela janela aberta só um sopro de ar

*a w ścianach żadnych przeraźliwych szczelin,
którymi by donikąd cię wywiało.*

e nas paredes nenhuma fenda tenebrosa
pela qual você fosse varrido a lugar algum.

Myśli nawiedzające mnie na ruchliwych ulicach

Twarze.
Miliardy twarzy na powierzchni świata.
Podobno każda inna
od tych, co były i będą.
Ale Natura — bo kto ją tam wie —
może zmęczona bezustanną pracą
powtarza swoje dawniejsze pomysły
i nakłada nam twarze
kiedyś już noszone.

Może cię mija Archimedes w dżinsach,
caryca Katarzyna w ciuchu z wyprzedaży,
któryś faraon z teczką, w okularach.

Wdowa po bosym szewcu
z malutkiej jeszcze Warszawy,
mistrz z groty Altamiry
z wnuczkami do zoo,
kudłaty Wandal w drodze do muzeum
pozachwycać się trochę.

Jacyś polegli dwieście wieków temu,
pięć wieków temu
i pół wieku temu.

Ktoś przewożony tędy złoconą karetą,
ktoś wagonem zagłady,

Pensamentos que me visitam nas ruas movimentadas

Rostos.
Bilhões de rostos na face da Terra.
Dizem que cada um diferente
dos que existiram ou existirão.
Mas a Natureza — quem lá a entende —,
talvez cansada do trabalho incessante,
repete suas antigas ideias
e nos coloca rostos
já usados um dia.

Talvez você cruze com Arquimedes de jeans,
a tsarina Catarina com roupas de liquidação,
algum faraó de pasta e de óculos.

A viúva de um sapateiro descalço
de uma Varsóvia ainda pequenina,
um mestre da gruta de Altamira
indo com os netos ao zoológico,
um vândalo cabeludo, ao museu,
deslumbra-se um pouco.

Uns que tombaram duzentos séculos atrás,
cinco séculos atrás
e meio século atrás.

Alguém transportado aqui numa carruagem dourada,
alguém num vagão de extermínio,

Montezuma, Konfucjusz, Nabuchodonozor,
ich piastunki, ich praczki i Semiramida,
rozmawiająca tylko po angielsku.

Miliardy twarzy na powierzchni świata.
Twarz twoja, moja, czyja —
nigdy sie nie dowiesz.
Może Natura oszukiwać musi,
i żeby zdążyć, i żeby nastarczyć
zaczyna łowić to, co zatopione
w zwierciadle niepamięci.

Montezuma, Confúcio, Nabucodonosor,
suas babás, lavadeiras, e Semíramis,
que fala somente inglês.

Bilhões de rostos na face da Terra.
O teu, o meu, o rosto de quem —
você nunca vai saber.
Talvez a Natureza precise enganar,
e para dar conta de prazos e demandas,
comece a pescar aquilo que está submerso
no espelho da desmemória.

Pomysł

Przyszedł mi pewien pomysł
na wierszyk? na wiersz?
To dobrze — mówię — zostań, pogadamy.
Musisz mi więcej o sobie powiedzieć.
    Na co on szeptem kilka słów na ucho.
Ach, o to chodzi — mówię — to ciekawe.
Od dawna już te sprawy leżą mi na sercu.
Ale żeby wiersz o nich? Nie, na pewno nie.
    Na co on szeptem kilka słów na ucho.
Tak ci się tylko zdaje — odpowiadam —
przeceniasz moje siły i zdolności.
Nawet bym nie wiedziała, od czego mam zacząć.
    Na co on szeptem kilka słów na ucho.
Mylisz się — mówię — wiersz zwięzły i krótki
o wiele trudniej napisać niż długi.
Nie męcz mnie, nie nalegaj, bo to się nie uda.
    Na co on szeptem kilka słów na ucho.
Niech ci będzie, spróbuję, skoro się upierasz.
Ale z góry uprzedzam, co z tego wyniknie.
Napiszę, przedrę i wrzucę do kosza.
    Na co on szeptem kilka słów na ucho.
Masz rację — mówię — są przecież inni poeci.
Niektórzy zrobią to lepiej ode mnie.
Mogę ci podać nazwiska, adresy.
    Na co on szeptem kilka słów na ucho.
Tak, naturalnie, będę im zazdrościć.
My sobie zazdrościmy nawet wierszy słabych.

Uma ideia

Me veio uma ideia
para um versinho? para um poema?
Está bem — digo — fique, vamos bater um papo.
Você tem de me contar mais sobre si mesma.
      Ao que ela sussurra umas palavras ao meu ouvido.
Ah, então é isso — digo — interessante.
Faz tempo que estas coisas me pesam no peito.
Mas fazer versos sobre elas? Não, nem pensar.
      Ao que ela sussurra umas palavras ao meu ouvido.
Isso é só impressão sua — respondo —
você superestima minhas forças e capacidade.
Não saberia nem por onde começar.
      Ao que ela sussurra umas palavras ao meu ouvido.
Você se engana — digo — um poema curto e conciso
é muito mais difícil de escrever do que um longo.
Não me canse, não insista, não vai dar.
      Ao que ela sussurra umas palavras ao meu ouvido.
Que seja, vou tentar, já que você insiste.
Mas já vou avisando do resultado.
Vou escrever, rasgar e jogar no cesto de lixo.
      Ao que ela sussurra umas palavras ao meu ouvido.
Você tem razão — digo — decerto que há outros poetas.
Alguns farão isto melhor que eu.
Posso lhe dar os nomes, endereços.
      Ao que ela sussurra umas palavras ao meu ouvido.
É claro que vou ficar com inveja deles.
Invejamos uns aos outros até os poemas medíocres.

A ten chyba powinien... chyba musi mieć...
    Na co on szeptem kilka słów na ucho.
No właśnie, mieć te cechy, które wyliczyłeś.
Więc lepiej zmieńmy temat.
Napijesz się kawy?

    Na co on westchnął tylko.

I zaczął znikać.

I zniknął.

E me parece que este precisa... que tem que ter...
   Ao que ela sussurra umas palavras ao meu ouvido.
É isso, ter as características que você enumerou.
Portanto, melhor mudar de assunto.
Que tal um café?

   Ao que ela apenas soltou um suspiro.

   E começou a sumir.

   E sumiu.

Kilkunastoletnia

Ja — kilkunastoletnia?
Gdyby nagle, tu, teraz, stanęła przede mną,
czy miałabym ją witać jak osobę bliską,
chociaż jest dla mnie obca i daleka?

Uronić łezkę, pocałować w czółko
z tej wyłącznie przyczyny,
że mamy jednakową datę urodzenia?

Tyle niepodobieństwa między nami,
że chyba tylko kości są te same,
sklepienie czaszki, oczodoły.

Bo już oczy jakby trochę większe,
rzęsy dłuższe, wzrost wyższy
i całe ciało obleczone ściśle
skórą gładką, bez skazy.

Łączą nas wprawdzie krewni i znajomi,
ale w jej świecie prawie wszyscy żyją,
a w moim prawie nikt
z tego wspólnego kręgu.

Tak mocno się różnimy,
tak całkiem o czym innym myślimy, mówimy.
Ona wie mało —
za to z uporem godnym lepszej sprawy.

Adolescente

Eu — adolescente?
Se de repente ela me aparecesse aqui, agora,
deveria saudá-la como a uma pessoa próxima,
mesmo que me pareça estranha e distante?

Derramar uma lágrima, beijar a testa
somente pelo motivo
de termos a mesma data de nascimento?

Tanta dessemelhança entre nós
que talvez só os ossos sejam os mesmos,
o formato do crânio, as órbitas.

Pois os olhos já parecem maiores,
os cílios mais longos, a estatura mais alta
e o corpo compactamente coberto
de pele lisa, sem defeito.

É verdade que nos unem parentes e amigos,
mas no seu mundo quase todos estão vivos
e no meu quase ninguém
desse círculo comum.

Tanto nos diferenciamos,
de coisas tão diversas falamos, pensamos.
Ela sabe pouco —
mas com absoluta convicção.

*Ja wiem o wiele więcej —
za to nie na pewno.*

*Pokazuje mi wiersze,
pisane pismem starannym, wyraźnym,
jakim ja nie piszę już od lat.*

*Czytam te wiersze, czytam.
No może ten jeden,
gdyby go skrócić
i w paru miejscach poprawić.
Reszta niczego dobrego nie wróży.*

*Rozmowa się nie klei.
Na jej biednym zegarku
czas chwiejny jeszcze i tani.
Na moim dużo droższy i dokładny.*

*Na pożegnanie nic, zdawkowy uśmiech
i żadnego wzruszenia.*

*Dopiero kiedy znika
i zostawia w pośpiechu swój szalik.*

*Szalik z prawdziwej wełny,
w kolorowe paski
przez naszą matkę
zrobiony dla niej szydełkiem.*

Przechowuję go jeszcze.

Eu sei muito mais —
mas sem certezas.

Me mostra os seus versos,
escritos numa letra clara, caprichada,
que eu já não tenho há anos.

Leio esses versos, releio.
Bom, talvez só este,
se der para encurtar
e corrigir aqui e ali.
Para o resto não vejo futuro.

A conversa não engata.
No seu relógio pobre
o tempo ainda é vacilante e barato.
No meu, muito mais caro e preciso.

Na despedida, nada: um sorriso casual
e nenhuma emoção.

Só quando some
e na pressa esquece o cachecol.

Um cachecol de pura lã,
com listras coloridas,
tricotado à mão para ela
pela nossa mãe.

Eu o guardo ainda.

Trudne życie z pamięcią

Jestem złą publicznością dla swojej pamięci.
Chce, żebym bezustannie słuchała jej głosu,
a ja się wiercę, chrząkam,
słucham i nie słucham,
wychodzę, wracam i znowu wychodzę.

Chce mi bez reszty zająć uwagę i czas.
Kiedy śpię, przychodzi jej to łatwo.
W dzień bywa różnie, i ma o to żal.

Podsuwa mi gorliwie dawne listy, zdjęcia,
porusza wydarzenia ważne i nieważne,
przywraca wzrok na prześlepione widoki,
zaludnia je moimi umarłymi.

W jej opowieściach jestem zawsze młodsza.
To miłe, tylko po co bez przerwy ten wątek.
Każde lustro ma dla mnie inne wiadomości.

Gniewa się, kiedy wzruszam ramionami.
Mściwie wtedy wywleka wszystkie moje błędy,
ciężkie, a potem lekko zapomniane.
Patrzy mi w oczy, czeka co ja na to.
W końcu pociesza, że mogło być gorzej.

Chce, żebym żyła już tylko dla niej i z nią.
Najlepiej w ciemnym, zamkniętym pokoju,

Vida difícil com a memória

Sou um péssimo público para a minha memória.
Ela quer que eu ouça sua voz incessantemente,
mas eu me agito, tusso,
ouço e não ouço,
saio, volto e saio de novo.

Ela requer todo o meu tempo e atenção.
Quando durmo, é mais fácil para ela.
De dia já nem tanto, o que a magoa.

Me propõe zelosamente velhas cartas, fotos,
revolve fatos importantes e desimportantes,
devolve a vista para paisagens ignoradas,
e povoa-as com os meus mortos.

Nos seus relatos sou sempre mais jovem.
Isso é bom, mas por que sempre essa história?
Cada espelho me dá outras notícias.

Irrita-se quando dou de ombros.
E então se vinga remexendo todos os meus erros,
graves, mas que já não pesam.
Me olha nos olhos, espera minha reação.
Por fim me consola; podia ter sido pior.

Quer que agora eu viva só para ela e com ela.
De preferência num quarto escuro e fechado,

*a u mnie ciągle w planach słońce teraźniejsze,
obłoki aktualne, drogi na bieżąco.*

*Czasami mam jej towarzystwa dosyć.
Proponuję rozstanie. Od dzisiaj na zawsze.
Wówczas uśmiecha się z politowaniem,
bo wie, że byłby to wyrok i na mnie.*

mas nos meus planos ainda figuram o sol presente,
as nuvens atuais, as estradas correntes.

Às vezes fico farta de sua companhia.
Proponho nos separarmos. De hoje para sempre.
Então sorri com complacência,
sabe que também para mim seria uma condenação.

Mikrokosmos

Kiedy zaczęto patrzeć przez mikroskop,
powiało grozą i do dzisiaj wieje.
Życie było dotychczas wystarczająco szalone
w swoich rozmiarach i kształtach.
Wytwarzało więc także istoty maleńkie,
jakieś muszki, robaczki,
ale przynajmniej gołym ludzkim okiem
dające się zobaczyć.

A tu nagle, pod szkiełkiem,
inne aż do przesady
i tak już znikome,
że to co sobą zajmują w przestrzeni,
tylko przez litość można nazwać miejscem.

Szkiełko ich nawet wcale nie uciska,
bez przeszkód dwoją się pod nim i troją
na pełnym luzie i na chybił trafił.

Powiedzieć, że ich dużo — to mało powiedzieć.
Im silniejszy mikroskop,
tym pilniej i dokładniej wielokrotne.

Nie mają nawet porządnych wnętrzności.
Nie wiedzą, co to płeć, dzieciństwo, starość.
Może nawet nie wiedzą czy są — czy ich nie ma.
A jednak decydują o naszym życiu i śmierci.

Microcosmo

Quando se começou a usar o microscópio,
um sopro de terror passou e ainda perdura.
A vida até então fora bastante louca
nas suas dimensões e formas.
Também produzira seres pequeninos,
alguns vermes, mosquinhas,
mas pelo menos eram visíveis
ao olho humano nu.

E então de súbito sob o vidro,
diferentes até o exagero
e já tão minúsculos
que aquilo que ocupam no espaço
só por piedade se pode chamar de lugar.

O vidro nem sequer os comprime,
eles se desdobram em vários sem obstáculo,
muito à vontade e a esmo.

Dizer que são muitos é dizer pouco.
Quanto mais potente o microscópio
com mais zelo e precisão se multiplicam.

Não têm nem sequer tripas decentes.
Não sabem o que é sexo, infância, velhice.
Talvez nem saibam se são — ou se não são.
No entanto decidem sobre nossa vida e morte.

*Niektóre zastygają w chwilowym bezruchu,
choć nie wiadomo, czym dla nich jest chwila.
Skoro są takie drobne,
to może i trwanie
jest dla nich odpowiednio rozdrobnione.*

*Pyłek znoszony wiatrem to przy nich meteor
z głębokiego kosmosu,
a odcisk palca — rozległy labirynt,
gdzie mogą się gromadzić
na swoje głuche parady,
swoje ślepe iliady i upaniszady.*

*Od dawna chciałam już o nich napisać,
ale to trudny temat,
wciąż odkładany na potem
i chyba godny lepszego poety,
jeszcze bardziej ode mnie zdumionego światem.
Ale czas nagli. Piszę.*

Alguns congelam numa imobilidade momentânea,
embora não se saiba o que para eles é momento.
Sendo tão minúsculos
talvez a duração
seja para eles adequadamente pulverizada.

Um grão carregado pelo vento é perto deles
um meteoro das profundezas do cosmos,
e uma impressão digital — um vasto labirinto
onde podem se juntar
para seus surdos desfiles,
suas cegas ilíadas e upanixades.

Faz tempo que queria escrever sobre eles,
mas é um tema difícil,
sempre adiado para depois
e talvez digno de um poeta melhor
e ainda mais perplexo com o mundo do que eu.
Mas o tempo urge. Escrevo.

Rozwód

Dla dzieci pierwszy w życiu koniec świata.
Dla kotka nowy Pan.
Dla pieska nowa Pani.
Dla mebli schody, łomot, wóz i przewóz.
Dla ścian jasne kwadraty po zdjętych obrazach.
Dla sąsiadów z parteru temat, przerwa w nudzie.
Dla samochodu lepiej gdyby były dwa.
Dla powieści, poezji — zgoda, bierz co chcesz.
Gorzej z encyklopedią i sprzętem wideo,
no i z tym poradnikiem poprawnej pisowni,
gdzie chyba są wskazówki w kwestii dwojga imion —
czy jeszcze łączyć je spójnikiem „i",
czy już rozdzielać kropką.

Divórcio

Para os filhos, pela primeira vez o fim do mundo.
Para o gato, novo dono.
Para o cachorro, nova dona.
Para os móveis, escadas, rangidos, leva ou não leva.
Para a parede, quadrados brancos depois de retirados os quadros.
Para os vizinhos do térreo, um assunto, uma pausa no tédio.
Para o carro, seria melhor se fossem dois.
Para os romances, poesia — está bom, leve o que quiser.
Pior no caso da enciclopédia e do vídeo
e também daquele manual de redação
onde talvez haja regras de uso de dois nomes
se os ligar ainda com a conjunção "e"
ou os separar com ponto final.

Zamachowcy

Całymi dniami myślą
jak zabić, żeby zabić,
i ilu zabić, żeby wielu zabić.
Poza tym z apetytem zjadają swoje potrawy,
modlą się, myją nogi, karmią ptaki,
telefonują drapiąc się pod pachą,
tamują krew, kiedy skaleczą się w palec,
jeśli są kobietami, kupują podpaski,
szminkę do powiek, kwiatki do wazonów,
wszyscy trochę żartują, kiedy są w humorze,
popijają z lodówek soki cytrusowe,
wieczorem patrzą na księżyc i gwiazdy,
zakładają na uszy słuchawki z cichą muzyką
i zasypiają smacznie do białego rana
— chyba że to, co myślą, mają zrobić w nocy.

Terroristas

Dias inteiros eles ficam pensando
como matar, para matar,
e quantos matar para matar muitos.
Fora isso comem com apetite,
rezam, lavam os pés, alimentam os pássaros,
dão telefonemas coçando o sovaco,
estancam o sangue quando machucam o dedo,
se são mulheres, compram absorventes,
sombra para as pálpebras, flores para os vasos,
todos gracejam um pouco quando de bom humor,
bebem suco cítrico da geladeira,
à noite olham a lua e as estrelas,
colocam fones de ouvido com música suave
e adormecem gostosamente até a aurora
— a menos que o que estão pensando devam fazer à noite.

Przykład

*Wichura
zdarła nocą wszystkie liście z drzewa
oprócz listka jednego,
pozostawionego,
żeby się kiwał solo na gołej gałęzi.*

*Na tym przykładzie
Przemoc demonstruje,
że owszem —
pożartować sobie czasem lubi.*

Exemplo

Uma ventania
à noite arrancou todas as folhas da árvore
exceto uma única folhinha
deixada
para se balançar solo em um galho nu.

Com este exemplo
a Violência demonstra
que, sim —
gosta de brincar de vez em quando.

Identyfikacja

Dobrze, że przyszłaś — mówi.
Słyszałaś, że we czwartek rozbił się samolot?
No więc właśnie w tej sprawie
przyjechali po mnie.
Podobno był na liście pasażerów.
No i co z tego, może się rozmyślił.
Dali mi jakiś proszek, żebym nie upadła.
Potem mi pokazali kogoś, nie wiem kogo.
Cały czarny, spalony oprócz jednej ręki.
Strzępek koszuli, zegarek, obrączka.
Wpadłam w gniew, bo to na pewno nie on.
Nie zrobiłby mi tego, żeby tak wyglądać.
A takich koszul pełno jest po sklepach.
A ten zegarek to zwykły zegarek.
A te nasze imiona na jego obrączce
to są imiona bardzo pospolite.
Dobrze, że przyszłaś. Usiądź tu koło mnie.
On rzeczywiście miał wrócić we czwartek.
Ale ile tych czwartków mamy jeszcze w roku.
Zaraz nastawię czajnik na herbatę.
Umyję głowę, a potem, co potem,
spróbuję zbudzić się z tego wszystkiego.
Dobrze, że przyszłaś, bo tam było zimno,
a on tylko w tym takim gumowym śpiworze,
on, to znaczy ten tamten nieszczęśliwy człowiek.
Zaraz nastawię czwartek, umyję herbatę,
bo te nasze imiona przecież pospolite —

Identificação

Que bom que você veio — diz.
Soube que na quinta-feira caiu um avião?
Justo por causa disso
vieram me buscar.
Parece que ele estava na lista de passageiros.
E daí, talvez tenha mudado de ideia.
Me deram um pó para eu não desmaiar.
Depois me mostraram alguém; não sei quem.
Todo negro, queimado, exceto uma das mãos.
Um pedaço de camisa, um relógio, uma aliança.
Fiquei furiosa porque com certeza não era ele.
Ele não ia fazer isso comigo, ficar daquele jeito.
E as lojas estão cheias daquele tipo de camisa.
E aquele relógio é um relógio comum.
E os nossos nomes naquela aliança dele
são nomes muito corriqueiros.
Que bom que você veio. Sente aqui ao meu lado.
Ele de fato devia voltar na quinta.
Mas quantas quintas ainda temos no ano.
Vou colocar a chaleira no fogo para fazer um chá.
Vou lavar o cabelo, e depois, depois o quê,
vou tentar despertar de tudo isso.
Que bom que você veio, lá fazia frio
e ele só naquela espécie de saco de dormir de borracha,
ele, quer dizer, aquele pobre infeliz lá.
Já, já, ponho a quinta-feira no fogo, lavo o chá,
porque nossos nomes afinal são tão corriqueiros —

Nieczytanie

Do dzieła Prousta
nie dodają w księgarni pilota,
nie można się przełączyć
na mecz piłki nożnej
albo na kwiz, gdzie do wygrania volvo.
Żyjemy dłużej,
ale mniej dokładnie
i krótszymi zdaniami.

Podróżujemy szybciej, częściej, dalej,
choć zamiast wspomnień przywozimy slajdy.
Tu ja z jakimś facetem.
Tam chyba mój eks.
Tu wszyscy na golasa,
więc gdzieś na plaży.

Siedem tomów — litości.
Nie dałoby się tego streścić, skrócić,
albo najlepiej pokazać w obrazkach.
Szedł kiedyś serial pt. Lalka,
ale bratowa mówi, że kogoś innego na P.

Zresztą, nawiasem mówiąc, kto to taki.
Podobno pisał w łóżku, całymi latami.
Kartka za kartką,
z ograniczoną prędkością.
A my na piątym biegu
i — odpukać — zdrowi.

Não leitura

Para a obra de Proust
a livraria não fornece controle remoto,
não dá para mudar
para uma partida de futebol
ou um teleconcurso em que o prêmio é um volvo.
Vivemos mais,
mas com menos exatidão
e com frases mais curtas.

Viajamos mais, mais rápido, mais longe,
mas em vez de memórias trazemos slides.
Aqui eu com um cara.
Ali acho que o meu ex.
Aqui todo mundo pelado,
então deve ser numa praia.

Sete volumes — misericórdia.
Não dava para resumir, encurtar
ou, melhor ainda, colocar em imagens.
Tinha um seriado chamado "Lalka",
mas minha cunhada diz que era de outro com P.

E afinal de contas esse quem era.
Parece que escrevia na cama por anos a fio.
Folha por folha,
em velocidade reduzida.
Já nós em quinta marcha
e — bate na madeira — saudáveis.

Ella w niebie

Modliła się do Boga,
modliła się gorąco,
żeby z niej zrobił
biała szczęśliwą dziewczynę.
A jeśli już za późno na takie przemiany,
to chociaż, Panie Boże, spójrz ile ja ważę
i odejmij mi z tego przynajmiej połowę.
Ale łaskawy Bóg powiedział Nie.
Położył tylko rękę na jej sercu,
zajrzał do gardła, pogłaskał po głowie.
A kiedy będzie już po wszystkim — dodał —
sprawisz mi radość przybywając do mnie,
pociecho moja czarna, rozśpiewana kłodo.

Ella no céu

Rezava para Deus,
rezava com fervor
para que fizesse dela
uma menina branca feliz.
E se for tarde demais para essas mudanças,
então, meu Deus, olha quanto eu peso
e tira de mim pelo menos a metade.
Mas o bom Deus disse Não.
Só pôs a mão em seu coração,
espiou a garganta, acariciou-lhe a cabeça.
E quando tudo tiver acabado — acrescentou —
você me alegrará vindo a mim,
minha negra consolação, minha tora cantante.

Vermeer

Dopóki ta kobieta z Rijksmuseum
w namalowanej ciszy i skupieniu
mleko z dzbanka do miski
dzień po dniu przelewa,
nie zasługuje Świat
na koniec świata.

Vermeer

Enquanto aquela mulher do Rijksmuseum
atenta no silêncio pintado
dia após dia derrama
o leite da jarra na tigela,
o Mundo não merece
o fim do mundo.

Metafizyka

Było, minęło.
Było, więc minęło.
W nieodwracalnej zawsze kolejności,
bo taka jest reguła tej przegranej gry.
Wniosek banalny, nie wart już pisania,
gdyby nie fakt bezsporny,
fakt na wieki wieków,
na cały kosmos, jaki jest i będzie,
że coś naprawdę było,
póki nie minęło,
nawet to,
że dziś jadłeś kluski ze skwarkami.

Metafísica

Foi-se, acabou-se.
Foi-se, então acabou-se.
Numa sequência sempre irreversível,
pois essa é a regra desse jogo perdido.
Conclusão banal, que já não vale escrever,
não fosse um fato incontestável,
um fato pelos séculos dos séculos,
por todo o cosmos, como é e será,
de que algo realmente foi,
até que se acabou,
mesmo isso
de você hoje ter comido arroz com feijão.

CHEGA

Są tacy, którzy

*Są tacy, którzy sprawniej wykonują życie.
Mają w sobie i wokół siebie porządek.
Na wszystko sposób i słuszną odpowiedź.*

*Odgadują od razu kto kogo, kto z kim,
w jakim celu, którędy.*

*Przybijają pieczątki do jedynych prawd,
wrzucają do niszczarek fakty niepotrzebne,
a osoby nieznane
do z góry przeznaczonych im segregatorów.*

*Myślą tyle, co warto,
ani chwilę dłużej,
bo za tą chwilą czai się wątpliwość.*

*A kiedy z bytu dostaną zwolnienie,
opuszczają placówkę
wskazanymi drzwiami.*

*Czasami im zazdroszczę
— na szczęście to mija.*

Tem aqueles que

Tem aqueles que executam a vida de modo eficaz.
Põem ordem em si mesmos e ao seu redor.
Têm resposta correta e jeito para tudo.

Adivinham logo quem a quem, quem com quem,
com que objetivo, por onde.

Batem o carimbo nas verdades únicas,
colocam no triturador os fatos desnecessários,
e as pessoas desconhecidas
em fichários de antemão destinados a elas.

Pensam só o quanto vale a pena,
nem um instante mais,
pois detrás desse instante espreita a dúvida.

E quando recebem dispensa da existência,
deixam o posto
pela porta indicada.

Às vezes os invejo
— por sorte isso passa.

Łańcuchy

Dzień upalny, psia buda i pies na łańcuchu.
Kilka kroków opodal miska pełna wody.
Ale łańcuch za krótki i pies nie dosięga.
Dodajmy do obrazka jeszcze jeden szczegół:
nasze o wiele dłuższe
i mniej widzialne łańcuchy,
dzięki którym możemy swobodnie przejść obok.

Correntes

Um dia abrasador, uma casa de cachorro e um cachorro na
                                                [corrente.
Alguns passos além, uma vasilha cheia d'água.
Mas a corrente é curta e o cachorro não alcança.
Acrescentemos ao quadro mais um detalhe:
nossas correntes,
muito maiores e menos visíveis,
graças às quais podemos facilmente passar ao largo.

Przymus

Zjadamy cudze życie, żeby żyć.
Denat schabowy z nieboszczką kapustą.
Karta dań to nekrolog.

Nawet najlepsi ludzie
muszą coś zabitego przegryzać, przetrawiać,
żeby ich czułe serca
nie przestały bić.

Nawet poeci najbardziej liryczni.
Nawet asceci najbardziej surowi
żują i przełykają coś,
co przecież sobie rosło.

Trudno mi to pogodzić z dobrymi bogami.
Chyba że łatwowierni,
chyba że naiwni,
całą władzę nad światem oddali naturze.
I to ona, szalona, narzuca nam głód,
a tam gdzie głód,
tam koniec niewinności.

Do głodu dołączają się natychmiast zmysły:
smak, powonienie i dotyk, i wzrok,
bo nie jest obojętne, jakie są potrawy
i na jakich talerzach.

Coação

Comemos a vida alheia para viver.
A falecida costeleta com o finado repolho.
O cardápio é um necrológio.

Mesmo as melhores pessoas
precisam morder, digerir algo morto,
para que seus corações sensíveis
não parem de bater.

Mesmo os poetas mais líricos.
Mesmo os ascetas mais severos
mastigam e engolem algo
que, afinal, crescia.

Acho difícil conciliar isso com os bons deuses.
Talvez credulamente,
talvez ingenuamente
deram à natureza todo o poder sobre o mundo.
E é ela, louca, que nos impõe a fome,
e ali onde há fome,
fim da inocência.

À fome logo se juntam os sentidos:
o paladar, o olfato, o tato e a visão,
pois importam quais iguarias
e em quais pratos.

*Nawet słuch bierze udział
w tym, co się odbywa,
bo przy stołach nierzadko wesołe rozmowy.*

Até a audição participa
no que sucede,
pois à mesa não raro rolam conversas alegres.

Lustro

Tak, pamiętam tę ścianę
w naszym zburzonym mieście.
Sterczała prawie do szóstego piętra.
Na czwartym miała lustro,
lustro nie do wiary,
bo nie rozbite, przytwierdzone mocno.

Nie odbijało już niczyjej twarzy,
niczyich rąk układających włosy,
żadnych drzwi naprzeciwko,
niczego, co można nazwać
miejscem.

Było jak na wakacjach —
przeglądało się w nim żywe niebo,
ruchliwe chmury na dzikim powietrzu,
pył gruzów obmywany lśniącymi deczczami,
ptaki w przelocie, gwiazdy, wschody słońca.

I tak, jak każdy dobrze wykonany przedmiot,
działało bez zarzutu,
z zawodowym brakiem zdumienia.

O espelho

Sim, lembro daquela parede
na nossa cidade destruída.
Projetava-se quase até o sexto andar.
No quarto havia um espelho,
um espelho inacreditável,
não quebrado, fixo com firmeza.

Já não refletia a face de ninguém,
a mão de ninguém ajeitando o cabelo,
nenhuma porta defronte,
nada que se possa chamar de
lugar.

Era como nas férias —
via-se refletido nele o céu vivo,
as nuvens agitadas no ar feroz,
o pó do entulho lavado por chuvas luzentes,
voos de pássaros, estrelas, alvoradas.

E como cada objeto bem-feito
funcionava impecavelmente,
com uma profissional falta de assombro.

Do własnego wiersza

W najlepszym razie
będziesz, mój wierszu, uważnie czytany,
komentowany i zapamiętany.

W gorszym przypadku
tylko przeczytany.

Trzecia możliwość —
wprawdzie napisany,
ale po chwili wrzucony do kosza.

Masz jeszcze czwarte wyjście do wykorzystania —
znikniesz nienapisany,
z zadowoleniem mrucząc coś do siebie.

Para o meu próprio poema

Na melhor das hipóteses,
meu poema, você será lido atentamente,
comentado e lembrado.

Na pior das hipóteses
somente lido.

Terceira possibilidade —
embora escrito,
logo jogado no lixo.

Você pode se valer ainda de uma quarta saída —
desaparecer não escrito
murmurando satisfeito algo para si mesmo.

Mapa

Płaska jak stół,
na którym położona.
Nic się pod nią nie rusza
i ujścia sobie nie szuka.
Nad nią — mój ludzki oddech
nie tworzy wirów powietrza
i całą jej powierzchnię
zostawia w spokoju.

Jej niziny, doliny zawsze są zielone,
wyżyny, góry żółte i brązowe,
a morza, oceany to przyjazny błękit
przy rozdzieranych brzegach.

Wszystko tu małe, dostępne i bliskie.
Mogę końcem paznokci przyciskać wulkany,
bieguny głaskać bez grubych rękawic,
mogę jednym spojrzeniem
ogarnąć każdą pustynię
razem z obecną tuż tuż obok rzeką.

Puszcze są oznaczone kilkoma drzewkami,
między którymi trudno by zabłądzić.

Na wschodzie i zachodzie,
nad i pod równikiem —
cisza jak makiem zasiał,

Mapa

Plano como a mesa
na qual está colocado.
Por baixo dele nada se move
nem busca vazão.
Sobre ele — meu hálito humano
não cria vórtices de ar
e toda a sua superfície
deixa em silêncio.

Suas planícies, vales são sempre verdes,
os planaltos, montanhas amarelos e marrons
e os mares, oceanos são de um azul amistoso
nas margens rasgadas.

Tudo aqui é pequeno, próximo e acessível.
Posso tocar os vulcões com a ponta da unha,
acariciar os polos sem luvas grossas.
Com um olhar posso
abarcar cada deserto
junto com um rio situado logo ao lado.

As selvas são assinaladas com algumas árvores
entre as quais seria difícil se perder.

No oriente e ocidente,
acima e abaixo do equador —
como poeira assentou o silêncio

*a w każdym czarnym ziarnku
żyją sobie ludzie.
Groby masowe i nagłe ruiny
to nie na tym obrazku.*

*Granice krajów są ledwie widoczne,
jakby wahały się — czy być czy nie być.*

*Lubię mapy, bo kłamią.
Bo nie dają dostępu napastliwej prawdzie.
Bo wielkodusznie, z poczciwym humorem
rozpościerają mi na stole świat
nie z tego świata.*

e em cada partícula
pessoas vivem lá suas vidas.
Valas comuns e súbitas ruínas
não cabem nesse quadro.

As fronteiras dos países mal são visíveis
como se hesitassem entre ser e não ser.

Gosto dos mapas porque mentem.
Porque não dão acesso à verdade crua.
Porque magnânimos e bem-humorados
abrem-me na mesa um mundo
que não é deste mundo.

O poeta e o mundo

Discurso do Nobel 1996

Ao que parece, a primeira frase de um discurso é sempre a mais difícil. Pois bem, essa eu já deixei para trás... Mas sinto que as próximas também serão difíceis, a terceira, a sexta, a décima, até a última, porque tenho que falar de poesia. Raramente falei sobre esse tema, aliás quase nunca. E sempre com a convicção de que não o faço muito bem. Por isso meu discurso não será muito longo. Toda imperfeição é mais tolerável se oferecida em doses pequenas.

O poeta de hoje é cético e desconfiado até — ou talvez principalmente — em relação a si mesmo. Com relutância declara em público ser poeta — como se isso o deixasse um pouco envergonhado. Mas nesta época ruidosa é muito mais fácil reconhecer nossas faltas, desde que as apresentemos elegantemente, e muito mais difícil admitir nossas qualidades, pois estão escondidas mais fundo e nós mesmos não acreditamos nelas de todo... Em questionários variados ou em conversas com interlocutores casuais, quando o poeta enfim é obrigado a declarar sua ocupação, prefere o termo geral "literato" ou então nomeia outro ofício adicional a que se dedica. Burocratas e desconhecidos dividindo o mesmo ônibus reagem com leve estranheza e inquietação ao descobrir que estão lidando com um poeta. Suponho que um filósofo também desperte desconforto semelhante. No entanto está em melhor posição, porque na maioria das vezes pode adornar seu ofício com um título acadêmico. Professor de filosofia — isso já soa muito mais sério.

Mas não há professores de poesia. Pois isso significaria um emprego que exige estudos especializados, exames regulares, trabalhos escritos teóricos enriquecidos de bibliografia e notas de rodapé e, por fim, diplomas recebidos solenemente. E isso significaria, por sua vez, que para fazer um poeta não bastam folhas de papel nem mesmo com os mais belos poemas — é necessário, acima de tudo, um papel com algum carimbo. Lembremos que, justamente por falta dele, a glória da poesia russa Jóssif Bródski, futuro ganhador do Nobel, foi condenado ao desterro. Foi considerado um "parasita" por não ter uma declaração oficial que o autorizasse a ser poeta...

Há alguns anos tive a honra e o prazer de conhecê-lo pessoalmente. Percebi que só ele, entre os poetas que conheço, gostava de nomear-se "poeta". Pronunciava a palavra sem resistências internas, até com certa desenvoltura desafiadora. Acho que isso se devia à lembrança das brutais humilhações que sofreu na juventude.

Em países mais afortunados, onde a dignidade humana não é violada tão facilmente, os poetas desejam, é claro, ser publicados, lidos e compreendidos, mas já não fazem nada, ou muito pouco, para se diferenciar das outras pessoas no dia a dia. Ainda há tão pouco tempo, nas primeiras décadas de nosso século, os poetas gostavam de chocar com suas roupas extravagantes e comportamento excêntrico. Mas esse era sempre um espetáculo para uso público. Chegava o instante em que o poeta fechava a porta atrás de si, tirava todas aquelas pelerines, os badulaques e outros acessórios poéticos e ficava em silêncio, à espera de si mesmo diante da folha de papel ainda em branco. Porque é só isso que realmente conta.

Coisa característica: o tempo todo são produzidos filmes biográficos sobre grandes cientistas e grandes artistas. Os diretores mais ambiciosos se impõem como tarefa uma apresentação fiel do processo criativo que resultou em importantes descobertas científicas ou no surgimento das mais famosas obras de arte. Pode-se, com relativo sucesso, mostrar o trabalho de alguns cientistas: os laboratórios, os diversos instrumentos, os mecanismos postos a funcionar conseguem reter a atenção do público por algum tempo. Além disso, costumam ser dramáticos os instantes de incerteza: o experimento, repetido pela milésima vez, com uma pequenina modificação, trará o resultado desejado? Filmes sobre pintores soem ser espetaculares — pode-se mostrar todas as fases da criação de uma obra, desde o traço inicial até a última pincelada. A música preenche os filmes sobre compositores — dos primeiros compassos que o músico ouve dentro de si à forma madura da obra orquestrada para os instrumentos. Tudo isso ainda é ingênuo e não esclarece nada desse estranho estado de espírito que chamamos popularmente de inspiração, mas pelo menos há algo a que assistir e escutar.

Os poetas levam a pior. Seu trabalho é irremediavelmente não fotogênico. O sujeito senta à mesa ou deita no sofá e olha fixamente a parede ou o teto, de quando em quando escreve sete versos, dos quais, depois de quinze minutos, risca um e de novo passa uma hora sem que nada aconteça... Que espectador aguentaria assistir a uma coisa assim?

Mencionei a inspiração. Quando lhes perguntam o que é — se é que existe —, os poetas contemporâneos respondem com evasivas. Não porque nunca tenham sentido o benefício desse impulso interno. A razão é outra. Não é fácil explicar para os outros o que nós mesmos não entendemos.

Eu também, quando às vezes me perguntam sobre isso, passo longe do âmago da questão. Mas costumo responder o seguinte: a inspiração não é privilégio exclusivo dos poetas ou dos artistas em geral. Existe, existiu e sempre existirá um grupo de pessoas a quem a inspiração visita. São todos aqueles que escolhem conscientemente seu trabalho e o fazem com amor e imaginação. Existem médicos, pedagogos, jardineiros e centenas de outros profissionais assim. Seu trabalho pode ser uma constante aventura desde que consigam ver nele sempre novos desafios. Apesar das dificuldades e fracassos, sua curiosidade não arrefece. A cada problema resolvido segue-se um enxame de novas perguntas. A inspiração, seja ela o que for, nasce de um incessante "não sei".

Não há muitas pessoas assim. A maioria dos habitantes da Terra trabalha para se sustentar, trabalha porque precisa. Não são eles que escolhem o trabalho por paixão, são as circunstâncias da vida que o escolhem por eles. Um trabalho detestado, um trabalho monótono, valorizado somente porque nem mesmo esse tipo está disponível para todos, esse é um dos maiores infortúnios humanos. E não há indício de que os próximos séculos trarão uma mudança para melhor.

Posso então dizer que, embora negue aos poetas o monopólio da inspiração, mesmo assim coloco-os no grupo seleto dos escolhidos da sorte.

Aqui, entretanto, podem surgir dúvidas nos ouvintes. Diversos torturadores, ditadores, fanáticos, demagogos lutando pelo poder com a ajuda de quaisquer palavras de ordem bradadas bem alto também gostam de seu trabalho e também o executam com fervorosa inventividade. Sim, mas eles "sabem". Sabem, e aquilo que sabem lhes basta de uma vez por todas. Não querem saber de nada mais, pois isso poderia diminuir a força de seus argumentos. E todo conhecimento que não gera em si novas perguntas logo se torna morto, perde a temperatura que sustém a vida. Nos casos mais extremos, que conhecemos bem da história antiga e contemporânea, pode até ser um perigo mortal para as sociedades.

Por isso valorizo tanto estas duas pequenas palavras: "não sei". Pequenas, mas de asas poderosas que expandem nossa vida por espaços contidos em nós mesmos e espaços nos quais está suspensa nossa minúscula Terra. Se Isaac Newton nunca tivesse dito a si mesmo "não sei", as maçãs do pomar poderiam ter caído como granizo diante de seus olhos e ele, na melhor das hipóteses, teria se abaixado para apanhar uma e comido com apetite. Se minha conterrânea Maria Skłodowska-Curie não tivesse dito a si mesma "não sei", provavelmente teria se tornado professora de química numa escola para moças de boa família e nesse emprego — aliás, perfeitamente respeitável — teria passado sua vida. No entanto, repetiu para si mesma "não sei" e assim essas duas palavras a trouxeram, não uma, mas duas vezes, para Estocolmo, onde pessoas de espírito inquieto e eternamente inquiridor são agraciadas com o prêmio Nobel.

Também o poeta, se é um poeta de verdade, deve repetir constantemente para si mesmo: "não sei". Cada poema seu é uma tentativa de resposta, mas assim que ele coloca o ponto final, já o espreita a dúvida, já começa a se dar conta de que aquela é uma resposta temporária e totalmente insuficiente. E assim tenta mais uma vez, e mais outra e depois os historiadores da literatura juntam com um grande clipe essas sucessivas provas de sua insatisfação consigo mesmo e chamam-nas de sua "obra"...

Às vezes sonho com situações impossíveis de realizar. Imagino, por exemplo, na minha audácia, que posso ter uma conversa com Eclesiastes, o autor daquele lamento tão comovente sobre a vaidade de todas as ações humanas. Eu lhe faria uma profunda reverência, pois se trata de um dos poetas mais importantes — pelo menos para mim. Mas depois tomaria sua mão. "Nada de novo sob o sol" — escreveste, Eclesiastes. No entanto tu mesmo nasceste novo sob o sol. E o poema que criaste também é novo sob o sol, já que ninguém o escreveu antes de ti. E novos sob o sol são todos os teus leitores, pois os que viveram antes de ti não puderam ler teu poema. E também o cipreste à sombra do qual sentaste não cresce aqui desde o começo do mundo. Ele surgiu de outro cipreste parecido com o teu, mas não exatamente o mesmo. E além disso, Eclesiastes, queria te perguntar o que de novo sob o sol tencionas escrever agora. Será algo com que ainda complementes teus pensamentos ou acaso estás tentado a contradizer alguns deles? Na tua obra anterior vislumbraste a alegria — que importa que seja fugaz? Portanto, quem sabe será sobre ela teu novo poema sob o sol? Já tens anotações, os primeiros rascunhos? Não dirás decerto: "Escrevi tudo, não tenho nada a acrescentar". Nenhum poeta no mundo pode dizer tal coisa, muito menos um poeta como tu.

O mundo, o que quer que dele pensemos, amedrontados por sua vastidão e nosso próprio desamparo diante dele ou amargurados por sua indiferença aos sofrimentos individuais — das pessoas, dos animais e até mesmo das plantas (pois como ter certeza de que as plantas não sofrem?); o que quer que pensemos de seus espaços transpassados por raios de estrelas, estrelas ao redor das quais se começou a descobrir planetas (já mortos? ainda mortos? — não sabemos); o que quer que pensemos desse teatro incomensurável para o qual temos uma entrada reservada, mas cuja validade é risivelmente curta, limitada por duas datas irrevogáveis; o que quer que ainda pensemos sobre este mundo — ele é espantoso.

Porém, no termo "espantoso" se esconde uma armadilha lógica. Espantamo-nos, afinal, com o que diverge de alguma norma conhecida e comumente aceita, de alguma obviedade à qual nos acostumamos. Mas a questão é que não há um mundo óbvio. Nosso espanto existe por si só e não resulta de nenhuma comparação com coisa alguma.

É fato que na linguagem coloquial, na qual não se pondera sobre cada palavra, todos usamos termos como "o mundo comum", "a vida comum", "a ordem comum das coisas"... Entretanto, na linguagem da poesia, na qual se pesa cada palavra, nada é comum ou normal. Nenhuma pedra e sobre ela nenhuma nuvem. Nenhum dia e depois dele nenhuma noite. E acima de tudo nenhuma existência do que quer que seja neste mundo.

Pelo visto os poetas sempre vão ter muito que fazer.

1ª EDIÇÃO [2016] 7 reimpressões

ESTA OBRA FOI COMPOSTA POR ACOMTE
EM MERIDIEN E IMPRESSA PELA GRÁFICA BARTIRA
EM OFSETE SOBRE PAPEL PÓLEN DA SUZANO S.A.
PARA A EDITORA SCHWARCZ EM MAIO DE 2024

A marca FSC® é a garantia de que a madeira utilizada na fabricação do papel deste livro provém de florestas que foram gerenciadas de maneira ambientalmente correta, socialmente justa e economicamente viável, além de outras fontes de origem controlada.